LA FORMACIÓN DE PALABRAS EN ESPAÑOL

JOSÉ ALBERTO MIRANDA

LA FORMACIÓN DE PALABRAS EN ESPAÑOL

951618

DIRECTORA DE LA COLECCIÓN:

CARMEN HERNÁNDEZ GONZÁLEZ
Profesora de la Universidad de Valladolid

Editor: José Luis de Celis
EDICIONES COLEGIO DE ESPAÑA
Institución fundada en 1973 y dedicada al estudio y promoción de la Lengua y
de la Cultura de España y de Hispanoamérica
C/. Compañía, 65
Teléfs. (923) 21 47 88 - 21 13 05
Fax   (923) 21 87 91
37008 Salamanca

1.ª edición 1994

Diseño de la portada e imagen de la colección: Um Chi Phui

ISBN: 84-86408-38-5
Depósito legal: S. 293 - 1994

Fotocomposición e Impresión:
    Imprenta CALATRAVA, S.Coop.
    Pol. El Montalvo, Calle D, Parcela 19 E
    Teléf. (923) 21 41 18
    37008 SALAMANCA (España)

Printed in Spain - Impreso en España

1. Introducción

1.1. En torno al concepto «formación de palabras»

No ha transcurrido mucho tiempo desde la publicación, en esta misma colección, de una obra consagrada a los llamados usos coloquiales (hablados, espontáneos, no normativos) del español[1]. En aquella ocasión, como oportunamente se señalaba, nuestro trabajo se concebía desde una perspectiva fundamentalmente semántica —equivalencia de las expresiones— y, en cierto modo, sintáctica, pues en no pocas ocasiones se producía un intento de formalización de las estructuras (sintácticas) —muchas de ellas no explicitadas, como es lógico, en las gramáticas al uso (tanto normativas como descriptivas), incluso en aquellas que, en principio, estaban destinadas a estudiantes del español como lengua extranjera— que en cada caso se utilizan para expresar las intenciones comunicativas de los hablantes, y que conducen a la correcta interpretación semántica de los enunciados. Por otra parte, por más que no se declarase abiertamente, las situaciones de comunicación que se describían en determinados apartados, y que fundamentaban las distintas argumentaciones esgrimidas con respecto a las diferentes expresiones estudiadas, tenían en cuenta, casi de forma obligada, consideraciones de tipo pragmático.

Todo lo que allí se exponía hubiese quedado incompleto de no haber abordado el estudio que ahora nos ocupa. Porque, precisamente, el conjunto de mecanismos que conducen a la formación de nuevas palabras en una lengua, la creación léxica, constituye sin duda una de las parcelas lingüísticas en las que se manifiesta una mayor libertad por parte del hablante respecto de los (supuestos) mecanismos que rigen la gramática de una lengua, tanto si éstos se conciben desde una perspectiva normativa —es decir, formalizables en reglas que deben respetarse o no transgredirse en función de un modelo im-

---

1. José Alberto Miranda (1992), *Usos coloquiales del español*, Publicaciones del Colegio de España, Salamanca.

puesto por razones estéticas o de cualquier otra índole– y, en tal caso, nos estaríamos refiriendo a *reglas regulativas,* como si se conciben como hipótesis (previas) a las propias manifestaciones lingüísticas, esto es, si estamos hablando de *reglas constitutivas.*

Por ello, no es extraño que autores como Mervyn F. Lang reseñen, como conclusión a un documentado trabajo publicado recientemente[2], opiniones como la de Werner Beinhauer, quien, al referirse al análisis de los sufijos apreciativos españoles, lo hace en los siguientes términos: «quebradero de cabeza de todas las gramáticas y métodos de español»[3]. No menos apropiada resulta la opinión de Wilhelm von Humboldt, para el que la formación de palabras representa «tiefsten geheimnisvollsten Teil der Sprache» [«la parte más profunda y misteriosa del lenguaje»][4]. En fin, si se prefiere, desde perspectivas mucho más modernas enmarcadas en una teoría morfológica de corte generativo, podemos aducir –dentro de nuestro entorno– el parecer de Soledad Varela, coincidente con los argumentos que venimos desarrollando:

> «[El caso de la derivación y la composición, frente a la flexión] corresponde al apartado de formación de palabras, el cual *se caracteriza por su capacidad creativa, reflejo de la cual es la falta de regularidad, la existencia de lagunas y fenómenos idiosincrásicos que aparentemente escapan a toda sistematización por medio de reglas de alcance general*»[5].

Por tanto, parece necesaria una justificación del título y del contenido del libro. Este último, como se colige de los datos que venimos aportando, va a estar referido a una descripción –lo más sistemática posible– de los procedimientos de formación de palabras en español. Procedimientos que, principal-

2. Mervyn F. LANG (1990), *Spanish Word Formation. Productive Derivational Morphology in the Modern Lexis,* Routledge, London and New York. [Citaremos en lo sucesivo por la adaptación y traducción españolas de Alberto MIRANDA POZA (1992), *Formación de palabras en español. Morfología derivativa productiva en el léxico moderno,* Cátedra, Madrid].

3. Werner BEINHAUER (1985[3]), *El español coloquial,* Gredos, Madrid, p. 288. *Apud* M. F. LANG, *Formación...,* p. 263.

4. *Apud* L. BAUER (1984), *English Word Formation,* Cambridge University Press, Cambridge, p. 292.

5. Soledad VARELA ORTEGA (1990), *Fundamentos de Morfología,* Síntesis, Madrid, p. 12. (El subrayado es nuestro).

mente, son de índole morfológica (*derivación* y *composición,* si aceptamos, de entrada, la opinión más generalizada, y siguiendo, en este sentido, el parecer de la citada Soledad Varela), pero no de modo exclusivo. Así, tomaremos en consideración procedimientos misceláneos, como la *combinación* [ingl. *blending*] *(cantante + autor → cantautor, crédito + vuelo → credivuelo),* de difícil adscripción dentro de una teoría morfológica, y otros, como el *acortamiento* [ingl. *clipping*] *(profesor → profe, cinematógrafo → cine, fotografía → foto),* la *acronimia (auto*móvil óm*nibus → autobús, poliéster ga*lo *→ tergal),* o la creación léxica mediante *siglas (Hu*lleras del *No*rte *S*ociedad *A*nónima → *HUNO-SA, C*ompañía *A*rrendataria del *M*onopolio de *P*etróleos *S*ociedad *A*nónima → *CAMPSA),* que estrictamente no forman parte de una teoría morfológica, ni tan siquiera de la Morfología léxica.

En virtud de este tipo de contenidos, podríamos haber denominado el libro *Morfología del español,* título que se nos antoja inadecuado por exceso y por defecto. Por exceso, porque no nos vamos a referir a la Morfología flexiva, debido a que a través de este procedimiento –la *flexión*– no se da lugar a nuevas palabras, sino a distintas formas de una misma palabra. Por defecto, porque, aun desarrollando exhaustivamente una Morfología léxica, quedarían fuera de la descripción algunos de los procedimientos que hemos anticipado *(acortamiento, siglas, acronimia)* junto a otros que todavía no hemos tenido oportunidad de señalar, y a los que también dedicaremos en parte nuestra atención: por ejemplo, el capítulo dedicado a los *préstamos.*

Cabría entonces la posibilidad de optar por una denominación más amplia que la anterior en lo relativo a su contenido que fuese capaz de aglutinar aspectos referentes no sólo a la *Morfología* (léxica), sino a otros que, perteneciendo a la formación de palabras, no son susceptibles de inclusión en aquélla. En este sentido, podríamos recurrir a la denominación *Lexicología del español,* entendiendo por tal la definición que se desprende de la lectura de Eugenio Coseriu: cualquier estudio que sobre el léxico pueda establecerse, tanto si se refiere al plano de la expresión como al plano del contenido[6]. En

---

6. Eugenio COSERIU (1986^2), *Principios de Semántica estructural,* Gredos, Madrid. «En la lexicología [frente a la fonología] (...) son posibles (...) cuatro puntos de vista y, por lo tanto, cuatro maneras de plantear los problemas y otras tantas "disciplinas" lexicológicas. En efecto, es posible:

este sentido, tanto los procedimientos incluidos en la Morfología léxica como el resto formarían parte de esta disciplina general sobre el léxico. Ahora bien, la *Lexicología* no sólo estudia la forma de las palabras en sentido amplio, sino también –en tanto que ámbito léxico, de la palabra– la propia Morfología flexiva (de la que no vamos a ocuparnos, como se ha visto), sin olvidar otros contenidos ajenos al objeto fundamental del presente estudio: por ejemplo, la *Etimología,* la *Lexicografía,* incluso la *Lexemática* o estudio del significado de la palabra desde los presupuestos de la gramática estructural, esto es, la posibilidad de aplicar el concepto de *estructura* al significado de los lexemas. En este sentido, si el significado es susceptible de estructuración, se supera el concepto al que inevitablemente conducía la Semántica tradicional –por más que en sus primeras manifestaciones (Michel Bréal) se pretendiese descubrir las leyes intelectuales del lenguaje (que regían los cambios producidos en el ámbito del significado)–[7] de que el significado es infinito e inabarcable por naturaleza

1) Considerar el plano de la expresión en cuanto tal, es decir, las relaciones entre los significantes léxicos –lo que sería el punto de vista de una *lexicología de la expresión*–;

2) Considerar el plano del contenido como tal, es decir, las relaciones entre los significados léxicos –punto de vista de la *lexicología del contenido*–;

3) Considerar la relación entre los dos planos partiendo de la expresión –punto de vista de una disciplina que se identifica muchas veces con la "Semántica" sin más y que podría llamarse *semasiología*–;

4) Considerar la relación entre los dos planos partiendo del contenido –punto de vista de la *onomasiología*–» (pp. 46-47).

7. En 1883, Michel Bréal postula la necesidad de una ciencia del significado que equilibrase la investigación lingüística que, en ese momento, se preocupaba por el cuerpo y la forma de las palabras, objeto fundamental de la lingüística histórica a lo largo del siglo XIX. Su trabajo programático lo titula «Las leyes intelectuales del lenguaje». En él bosquejaba el programa de la «nueva ciencia»:

«L'étude où nous invitons le lecteur à nous suivre est d'espèce si nouvelle qu'elle n'a même pas encore reçue de nom. En effet, c'est sur le corps et sur la forme des mots que la plupart des linguistes ont excercé leur sagacité: les lois qui président à la transformation des sens, au choix d'expressions nouvelles, à la naissance et à la mort des locutions, ont été laissées dans l'ombre ou n'ont été indiquées qu'en passant. Comme cette étude, aussi bien que la phonétique et la morphologie, mérite d'avoir son nom, nous l'appellerons la Sémantique (du verbe *semaínein*), c'est-à-dire, la science des significations» («Les lois intellectuelles du langage», en *Annuaire de l'Association pour l'encouragement des études grecques en France*). [«El estudio en el que invitamos al lector a seguirnos es de una especie tan nueva que ni siquiera ha recibido nombre todavía. En efecto, es y, por ello, muy difícilmente inventariable o sistematizable[8]. Dentro del ámbito de la *Semántica,* y no muy lejana a esta postura, se encuentra la propuesta de S. Ullmann. Para él, las unidades básicas del lenguaje son los *fonemas,* las *palabras* y las *frases.* Cada una de estas unidades tiene que ser estudiada por su correspondiente disciplina: *fonología, lexicología* y *sintaxis.* Ahora bien, las dos últimas poseen un doble contenido. Se hablará, por tanto, de:

- *Lexicología morfológica*: estudio de la forma de las palabras y su variación –derivación, composición, formación de palabras, etc.–.
- *Lexicología semántica*: estudio del significado de las palabras.

sobre el cuerpo y sobre la forma de las palabras en donde la mayoría de los lingüistas han ejercitado su sagacidad: las leyes que rigen la transformación del sentido, la elección de expresiones nuevas, el nacimiento y la muerte de las locuciones, han quedado en la sombra o no han sido indicadas más que de pasada. Como este estudio, no menos que la fonética y la morfología, merece tener un nombre, lo llamaremos la Semántica (del verbo *semaínein*), es decir, la ciencia de las significaciones» (*Apud* Stephen ULLMANN (1962), *Semántica. Introducción a la ciencia del significado,* Taurus, Madrid, 1991, p. 8)].

Pero tardará aún catorce años en publicar su obra *Essai de Sémantique* (1897) [Gérard Monfort Editeur, Brionne, 1982], retraso que permitió a Arsène Darmesteter adelantarse diez años con la publicación de un libro sobre la nueva disciplina *La vie des mots étudiée dans leurs significations* (1887). Bréal, como del propio título de su trabajo fundacional se deduce, entendía que una ciencia es ciencia en tanto en cuanto posea leyes constantes que rijan los fenómenos que en ella se produzcan. Clasificó los cambios semánticos, analizó las causas que los producen, explicó las razones por las que aparecen o desaparecen los vocablos, pero su inventario abundaba en hechos variables, cuando no contradictorios. Por fin, logró encontrar esas leyes a las que dedicó los dos primeros capítulos: «ley de especialización" (*la loi de spécialité* –*Essai*, pp. 9-25–) y «ley de repartición» (*la loi de répartition* –*Essai*, pp. 26-38–). En nuestro ámbito, Gregorio SALVADOR (1983), «Sí hay sinónimos», en *Semántica y lexicología del español (Estudios y lecciones),* Paraninfo, Madrid, pp. 51-66, ha refutado el supuesto valor de ley de tales reglas, con ejemplos referidos a la historia del español.

8. En el VIII Congreso Internacional de Lingüistas, celebrado en Oslo en 1958, se planteó como problema la posibilidad del estudio estructural del significado. Por más que se llegase a la conclusión –siguiendo la teoría tradicional– de que no era posible, porque el léxico –infinito por definición– no era susceptible de ser encajado en un sistema, G. SALVADOR reconoce que «puede decirse que, con aquel cambio de impresiones y aquel contraste de pareceres, se echaron las bases de una verdadera Semántica estructural» («Estudio del campo semántico 'arar' en Andalucía», en *Semántica...,* p. 13). Cuando, años más tarde, se desarrolló la teoría del campo semántico, se vio la posibilidad de la existencia de sistemas de significados léxicos susceptibles de análisis funcional.

– *Sintaxis morfológica*: estudio del orden de palabras, la flexión, la concordancia, el régimen.
– *Sintaxis semántica*: estudio de los significados y las funciones de las diferentes partes de la oración [9].

Como ni esta *Lexemática* –cuyo campo de estudio difiere sensiblemente del que aquí tratamos–, ni la *Etimología* –especialmente en un trabajo que pretende ser descriptivo y sincrónico–, ni la *Lexicografía* son materias directamente relacionadas con la formación de palabras, tampoco se hacía aconsejable la adopción del término global *Lexicología,* que comprendería todos estos contenidos. No obstante, no cabe duda de que en no pocos casos podrían aducirse elementos que entroncarían con tales disciplinas. Por poner un solo supuesto, a modo de ejemplo, podríamos señalar que el concepto de lexicalización de palabras formalmente derivadas participa por igual de la *Etimología* –origen de la palabra– como de la *Lexicografía* –estudio referente a los diccionarios–. Así, un término como *casilla,* formalmente derivado de *casa* (+ -*ill(a)*, 'diminutivo'), no debe concebirse morfológicamente desde una perspectiva sincrónica como *cas(a)-ill(-a),* sino, preferiblemente, a partir de la forma plena –*casilla*–, de donde sus derivados: *casill(a)-ero, casill(a)-ita,* etc. Pues bien, este fenómeno que referimos no carece de implicaciones en el plano lexicográfico: *casilla* exige una entrada aparte en el diccionario, frente a lo que ocurre con otros vocablos formal y semánticamente derivados, como *casi-*

9. Cf. S. ULLMANN, *Semántica.* Resulta de especial interés para las cuestiones que aquí tratamos la lectura del cap. 1, «Cómo se construye la lengua» –pp. 14-41–. Más concretamente, en la p. 38 se dice lo siguiente: «las cuatro unidades básicas de la lengua son el fonema, el morfema, la palabra y la frase. De ellas, el morfema es demasiado heterogéneo para formar la materia de una parte especial de la lingüística. Cada una de las otras tres tiene asignada una rama separada de la ciencia lingüística para su estudio:

fonema	fonología
palabra	lexicología
frase	sintaxis

Tanto la lexicología como la sintaxis poseen una subdivisión morfológica y otra semántica. Se comprende, por supuesto, que la lexicología trata no sólo de las palabras, sino también de los componentes de las palabras, y que la sintaxis estudia no sólo las frases, sino también las combinaciones en que éstas entran».

ta, por ejemplo, que no suelen aparecer, debido a que su significado «casa pequeña» está –en palabras de S. Ullmann– «motivado morfológicamente»[10], esto es, su significado es trasparente a partir de la suma de los significados de sus componentes, cosa que no ocurre en *casilla,* que significativamente designa otro objeto no directamente relacionado con *casa* –al menos desde una consideración sincrónica de los fenómenos–. Lo mismo ocurre, especialmente en el ámbito dialectal –como hemos pretendido demostrar en otro lugar–, en formas como *azadilla* (frente a *azada*). En efecto, no se trata de una «azada pequeña», sino de una herramienta de labranza especializada en un tipo de trabajo concreto distinto del que se realiza con la *azada.* Es decir, se siente como otra palabra (plena) distinta que corresponde a un objeto distinto[11].

Con todo, no faltan otras denominaciones que hacen referencia a los procesos de formación de palabras. Así, leemos en Urrutia Cárdenas el término *Lexicogenesia:*

> «Los signos léxicos son estudiados por la *lexicología* (o mejor, *lexicogenesia*) [...] y tienen como objeto de estudio principal el delimitar las magnitudes lexicogenésicas (prefijos, infijos, sufijos, lexemas) como elementos para formar nuevas palabras al nivel del significante y del significado...»[12].

Con todo, no es ésta la primera vez que el profesor Urrutia utiliza este término. Hace algunos años (1978) con él daba título a un documentado tra-

---

10. S. ULLMANN (1986), *Introducción a la Semántica francesa,* traducción y anotación de Eugenio de Bustos Tovar, C.S.I.C., Madrid. «*Chanteur* es motivada porque en francés existen un verbo *chanter* y un sufijo *-eur* con ayuda del cual se forman nombres de agentes: *annonceur, vendeur,* etc. Es cierto que ni el verbo *chanter* ni el sufijo *-eur* son motivados por lo que Saussure ha podido hablar, en estos casos, de "arbitrario relativo". Pero no es menos cierto que la palabra *chanteur* es motivada: su estructura es trasparente, se explica por sus componentes. Desde el punto de vista sincrónico, todo derivado por medio de prefijos o sufijos es motivado, siempre que sea sentido como tal. En una lengua extranjera, no es necesario aprenderla si sus elementos y su principio de formación son conocidos» (p. 136).

11. Cf. Alberto MIRANDA (1991), «Notas para un estudio de la sufijación nominal en andaluz y canario», en *Notas y estudios filológicos,* U.N.E.D. (Centro Asociado de Navarra), 6, pp. 147-216.

12. Hernán URRUTIA CÁRDENAS y Manuela ÁLVAREZ ÁLVAREZ (1988), *Esquemas de Morfosintaxis histórica del español,* Publicaciones de la Universidad de Deusto, Bilbao, p. 14.

bajo sobre la formación de palabras en lengua española. Allí se decía a propósito de tal denominación:

> «Este término ya tiene cierta tradición en los estudios gramaticales. En «Lexicogenesia: A) Notas para deslindar una disciplina gramatical. B) Lexicogenesia y Estilística» de Guillem Araya, Universidad de Chile, Santiago de Chile, 1955, obra que trata de fundamentar la Lexicogenesia en oposiciones formales dentro de la palabra, se dice que el término fue creado por el profesor chileno Claudio Rosales. Desde entonces ha sido manejado con variada extensión y precisión»[13].

Otra solución satisfactoria fue la propuesta que un destacado lingüista francés ofreció hace algunos años y que daba título a un excelente y completo trabajo relativo a los mecanismos de formación de palabras. En efecto, en 1975, Louis Guilbert publicó *La créativité lexicale,* fruto de varios años de investigación dedicado al estudio del vocabulario en general y de la formación de palabras en particular. Se trata de una obra que se ha convertido en un clásico de los estudios lexicológicos y es referencia obligada en cualquier trabajo que se emprenda sobre esta materia[14]. Bien es verdad que, a pesar del acierto que supone utilizar este término, no va a ser el que nosotros hemos decidido escoger. De este modo, se hace necesario matizar los contenidos de la obra de Guilbert respecto de los que pretendemos desarrollar aquí. De entrada, resultaría cuando menos pretencioso intentar comparar las excelencias de su obra –de carácter exhaustivo– con la modesta aportación a la que aspiramos en estas breves páginas. En segundo término –lo más importante–, por más que Guilbert pretenda aplicar algunas teorías en torno a la formación de palabras según la perspectiva generativa chomskiana, no es menos cierto que dedica al menos un par de capítulos a discutir si debe fundamentarse el neologismo

---

13. H. URRUTIA CÁRDENAS (1978), *Lengua y discurso en la creación léxica. La lexicogenesia,* Colección Editorial Planeta/Universidad de Deusto, Cupsa, Madrid, p. 17.

14. Louis GUILBERT (1975): *La créativité lexicale,* Larousse, Paris. Los trabajos previos que hemos mencionado y que se encuentran en la génesis de este trabajo son (1965) *La formation du vocabulaire de l'aviation,* Larousse, Paris (1967). *Le vocabulaire de l'astronautique,* Publications de l'Université de Rouen (1971). «De la formation des unités lexicales», Introduction au *Grand Larousse de la Langue Française,* Larousse, Paris, pp. ix-lxxx.

–como inequívoco elemento de cambio lingüístico– dentro de un marco sociolingüístico[15].

Pues bien, nuestro propósito no es referir este último tipo de cuestiones, como tampoco enmarcar algunos de los procesos aducidos –especialmente los pertenecientes a la Morfología léxica– dentro de algún modelo de descripción teórica. El propio M. F. Lang ha reconocido que su propósito inicial (ofrecer un tratamiento amplio de la formación de palabras en español, enfocándolo en el marco de las teorías morfológicas de la gramática postgenerativista) ha podido resultar, en cierto modo, atrevido, pues es difícil emprender un tratamiento tan generalizado en un campo tan complejo.

Por lo tanto, y teniendo en cuenta –no debemos olvidarlo– los principales destinatarios de este trabajo, emprendemos un estudio fundamentalmente descriptivo, si bien no exento de discusión, por más que se prefiera la claridad en la exposición y se evite la ambigüedad en la ejemplificación de los conceptos teóricos que se explican. En este sentido, adoptaremos el término genérico «formación de palabras» para referirnos a todos los fenómenos que en lo sucesivo vamos a exponer.

1.2. FORMACIÓN DE PALABRAS Y NIVELES DE ANÁLISIS LINGÜÍSTICO

En el apartado anterior de este capítulo introductorio hemos realizado una breve revisión de las posibles denominaciones que podríamos escoger pa-

---

15. «Cet ouvrage présente (...) une réflexion théorique sur ce mouvement de renouvellement du lexique. La néologie est-elle seulement une somme de mots nouveaux produits par l'évolution historique de la société et réflétant les mutations qui s'y produisent? Se résume-t-elle aux différentes strates de néologismes que s'agglomèrent les dictionnaires au rythme de leurs éditions successives? Ou bien ne doit-elle pas être considerée comme inhérente au fonctionnement du langage, la création lexicale s'intégrant à la production de la phrase?».

[«Esta obra presenta (...) una reflexión teórica sobre este movimiento de renovación del léxico. ¿Los neologismos son tan sólo una suma de palabras nuevas producidas a través de la evolución histórica de la sociedad que reflejan las mutaciones que en su seno se producen? ¿Se reduce el neologismo a los distintos términos que se van incluyendo paulatinamente en los diccionarios al ritmo de las sucesivas ediciones? ¿O, tal vez, no deben considerarse como inherentes al funcionamiento del lenguaje, integrándose la creación léxica en la producción de la frase?»] (*Apud* L. GUILBERT, *La créativité...* La traducción es nuestra).

ra titular el estudio que ahora abordamos. No cabe duda de que la multiplicidad de tales denominaciones debe responder a algún tipo de causa. En efecto, podemos señalar en primer lugar que los procedimientos de formación de palabras pueden concebirse desde perspectivas distintas, dado que participan de diversos planos de análisis lingüístico. Por un lado, se puede estudiar cuáles de esos mecanismos son de índole gramatical y, por tanto, susceptibles de cierto tipo de formalización a través de reglas y cuáles responden a criterios no estrictamente gramaticales. En otras palabras, cuáles están referidos al nivel morfológico –*derivación* y *composición*– y cuáles al nivel fónico –*acortamiento, siglas, acronimia*– o al léxico-semántico –*préstamos* de otras lenguas–. En segundo lugar, el asunto se complica cuando se aprecia que no todos los modelos de descripción gramatical son sensibles a la distinción que acabamos de plantear. Y no lo son porque la estructuración en niveles o, si se prefiere, la tradicional división de la Gramática en partes no coincide plenamente en las diferentes descripciones lingüísticas. Ni siquiera se llega a un acuerdo completo en lo referente a las unidades que van a caracterizar cada uno de los distintos niveles que son objeto de estudio en la ciencia lingüística. Vayamos por partes.

1.2.1. *Unidades y niveles de análisis lingüístico*

Las diferentes divisiones de la gramática (o análisis en niveles) derivadas de los distintos modelos de descripción gramatical no son fruto del capricho del investigador, sino consecuencia del particular objeto de estudio de la ciencia lingüística: el lenguaje. En general, las ciencias parten de elementos u objetos de inmediata relevancia. La Lingüística, por el contrario, no tiene ante sí esos elementos o unidades inmediatas. La actividad del hablar no deja ver al observador esos objetos que a ciencias como, por ejemplo, la Física o la Sociología sí les son de relevancia inmediata. Como muy bien señala Ángel Alonso-Cortés:

«El hablar requiere una previa tarea de reflexión sobre un objeto (la lengua) que a su vez permite la reflexión y el pensamiento. Un objeto que estudia la física, pongamos la trayectoria de un proyectil, no es modificado por el estudio de sus leyes. Por el contrario, el estudio de la actividad lingüística está muy unido al sujeto que la estudia»[16].

Estudiamos una lengua desde el conocimiento intuitivo de alguna otra lengua. Esta característica puede oscurecer la observación del lenguaje.

La primera actividad de la Lingüística debe ser deslindar estas unidades y caracterizarlas. Tenemos que saber de qué tipo son, su número y sus propiedades. Ya desde las primeras descripciones lingüísticas de los filósofos de la Antigüedad se determinó que el lenguaje reunía dos cualidades:

  i) ser básicamente un sonido;

  ii) ser significativo.

Aristóteles, en *De Interpretatione,* cuando define el *nombre* lo hace en estos términos: «es una formación fonética con un significado establecido por convención sin significación temporal y creado de tal manera que ninguno de sus componentes tiene significado en sí mismo»[17]. Esta definición nos da pie para distinguir dos tipos de elementos o unidades: con significado y sin significado. En la teoría lingüística moderna –André Martinet, Charles Hockett– se denomina a esta característica *dualidad* o *doble articulación*[18].

---

16. Ángel ALONSO-CORTÉS (1992), *Lingüística general,* Segunda edición corregida y aumentada, Cátedra, Madrid, p. 71.

17. *Apud* Hans ARENS (1976), *La Lingüística. Sus textos y su evolución desde la Antigüedad hasta nuestros días,* Gredos, Madrid, p. 27.

18. André MARTINET (1960), *Eléments de linguistique générale,* Librairie Armand Collin, Paris. Cito por la trad. esp. *Elementos de Lingüística general,* Gredos, Madrid, 1974. Charles HOCKETT (1964), *Curso de Lingüística moderna,* Eudeba, Buenos Aires. John LYONS resume los contenidos referentes a estas dos posturas en los siguientes términos: «los lingüistas hablan a veces de la "doble articulación" (o "doble estructura") del lenguaje, y a menudo se ha entendido erróneamente esta expresión refiriéndola a la correlación de los dos planos de expresión y contenido. Lo que significa es que las unidades de nivel "inferior" –de la fonología (los sonidos de la lengua)– no tienen otra función que la de combinarse con otras para formar unidades "superiores" de la gramática (las palabras). Es en virtud de la doble estructura del plano de la expresión como las lenguas son capaces de representar económicamente muchos miles de palabras diferentes. Cada palabra puede ser representada por una combinación determinada de un conjunto de sonidos relativamente pequeño, del mismo modo como cada número del conjunto infinitamente grande de los números naturales se distingue en la corriente notación decimal por una combinación específica de los diez dígitos básicos» [*Apud* (1968) *Introduction to Theoretical Linguistics,* Cambridge

2

El sonido individual no tiene significado por sí mismo, si bien posee la propiedad de diferenciar significados –propiedad distintiva–, que no debe confundirse con significado. Los sonidos se agrupan en el acto de habla de acuerdo con unas reglas características de cada lengua concreta; primero, en otro tipo de unidades aún sin significado, de carácter meramente productivo, *sílabas*. Después, formando unidades significativas. Estas unidades significativas son: la *palabra* «barato», la *frase* «libro barato» y otras que están incluidas en la palabra, como en *deshacer, casita, cantaba*; a *des-, -it(a), -ba* podemos asignarles un significado (*des-* 'negación o privación', *-it(a)* 'pequeño', *-ba* 'tiempo pasado', etc.). Llamamos a estas unidades significativas *morfemas*. Además, tanto las unidades significativas como las no significativas son *estructurales* porque sirven para representar las distintas partes de la gramática.

Existen otras unidades que, siendo significativas, no son estructurales. Se trata de las *unidades funcionales:* sujeto, predicado, complementos. Lo son porque cumplen un papel comunicativo. Las lenguas tienden a señalar con procedimientos gramaticales la *función*. El español, por ejemplo, indica el sujeto con la concordancia de número y persona:

Los niños compraron dos balones

El niño compró dos balones

Otras lenguas, como el francés, utilizan además el orden de palabras:

Paul bat Pierre [Pablo golpea a Pedro]

Pierre bat Paul [Pedro golpea a Pablo]

La función preverbal la ocupa el sujeto. Piénsese que el francés no presenta índice en el complemento directo de persona, con lo que, de producirse una libertad posicional sería imposible interpretar adecuadamente el significado de las frases precedentes. También el español tiende a colocar el sujeto delante del verbo.

El lenguaje, como facultad específica del hombre, se manifiesta prioritariamente como *actividad del hablar.* Tal actividad consiste en combinar las unidades estructurales de acuerdo con unas instrucciones propias de una lengua o reglas de la gramática. En Gramática Generativa se denomina *mínima*

University Press, London-New York. Cito por la versión española de Ramón CERDÁ (1971), *Introducción en la Lingüística teórica*, Teide, Barcelona, p. 54].

competencia gramatical al conjunto de reglas que ha interiorizado un hablante. En la actividad concreta del hablar usa esta capacidad para producir mensajes verbales. La *actividad del hablar* constituye la *actuación* lingüística del hablante.

Unidades	Estructurales	Distintivas	*fonemas*
		Significativas	*morfemas* *frases*
		Productivas	*sílabas*
	Funcionales	*Sujeto, predicado, complementos*[19]	

De acuerdo con el esquema que acabamos de confeccionar, podemos empezar a establecer los distintos niveles de análisis lingüístico. En primer lugar, al *fonema* (unidad de análisis lingüístico carente de significado que constituye la abstracción de un sonido y posee la propiedad de distinguir significados) le correspondería el *nivel fonológico*, siendo la *Fonología* la disciplina que se encargaría de su estudio, debiéndose incluir además en este mismo nivel la unidad productiva: *sílaba*.

Los *fonemas* se agrupan en secuencias como: *librero, cantaba, sacacorchos,* etc. Todas estas agrupaciones no sólo tienen una dimensión fónica, sino también significativa. La forma *sol* constituye un todo donde no es posible obtener unidades más pequeñas y significativas. Sin embargo, *librero, cantaba, verdinegro* admiten una segmentación. En *librero*, se combina la secuencia *-ero* que aparece en otras formas como *lechero, torero*, etc.; la secuencia *-ba* aparece en *saltaba, cavaba, pagaba*, etc.; finalmente, en *verdinegro* existen independientemente las formas {*verde*} y {*negro*}. Al *morfema* le correspondería el *nivel morfológico* del lenguaje, y la disciplina que lo estudiaría sería la *Morfología.*

Los *morfemas* se combinan unos con otros, al igual que los fonemas se combinan para dar (representar) morfemas. En este sentido, se puede definir la *Sintaxis* de una lengua como un sistema combinatorio de un cierto tipo. Esta disciplina correspondería al *nivel sintáctico.* Cuando determinamos los

19. *Apud.* A. Alonso-Cortés, *Lingüística general*, p. 73.

morfemas obtenemos clases de palabras o, si se quiere, partes de la oración: adjetivo, sustantivo, preposición, verbo, etc., que son clases morfológicas. Por el hecho de ser morfemas lexicales los llamaremos *clases o categorías léxicas*. Al combinarse los elementos de estas categorías constituyen unidades que ya no son *morfemas,* sino *frases.* Esta unidad se forma en la medida en que hay una relación de interdependencia entre *morfemas.* Unas secuencias dependerán, por tanto, de otras.

Ocurre que, en este sentido, el ámbito de la *Morfología* es múltiple. Como hemos apuntado, la *Morfología* se ocupa, en primer lugar, de determinar las unidades morfológicas. Una vez determinadas, estudia cómo éstas se disponen constituyendo unidades de otro orden, como la *palabra,* así como las distintas agrupaciones de *morfemas* en la *palabra.* La disposición de los *morfemas* y su orden obedece a reglas (leyes) de constitución. Si continuamos el argumento generativo, «la Morfología representa el conocimiento que un hablante tiene de cómo se combinan los morfemas para formar palabras y qué es una palabra posible o imposible en una lengua, de acuerdo con las reglas que un hablante ha interiorizado»[20]. Ahora bien, no es éste el único cometido de la *Morfología.* En efecto, Ignacio Bosque señala al respecto lo siguiente: «la segunda gran parte en que se divide la Morfología es la teoría de las categorías léxicas», esto es, la caracterización de las unidades a las que acabamos de hacer referencia más arriba: *sustantivo, verbo, preposición,* etc.[21] Precisamente, éste es, junto con el apartado referido a la Morfología flexiva, uno de los aspectos que más aproximan el estudio morfológico al sintáctico. De hecho, en aquellas lenguas en las que existe flexión nominal, se dice que la mera variación morfológica –lat. *puella-puellae-puellam...*– es un indicador de la función sintáctica que desempeñan. Esto es lo que ha llevado a no pocos lingüistas a pre-

20. A. ALONSO-CORTÉS, *Lingüística...,* p. 135. En este mismo sentido, puede consultarse, entre otros, Adrian AKMAJIAN; Richard A. DIMERS y Robert M. HARNISH (1984), *Lingüística: una introducción al lenguaje y la comunicación,* Adaptación y traducción de Violeta Demonte y Magdalena Mora, Alianza Editorial, Madrid (especialmente el cap. 7: «Morfología: la estructura de las palabras», pp. 147-174).

21. Ignacio BOSQUE (1983), «La Morfología», en Francisco ABAD y Antonio GARCÍA BERRIO (coords..): *Introducción a la Lingüística,* Alhambra, Madrid, pp. 115-153. (La cita de referencia pertenece a la p. 116).

ferir el término *Morfosintaxis* y adjuntar todos aquellos fenómenos que tienen cabida dentro de la Morfología léxica al ámbito de la *Lexicología* o nivel léxico-semántico[22]. A partir de este análisis, la parte central de una lengua, su gramática, estaría constituida fundamentalmente por este nivel morfosintáctico. No de otro modo lo señalaba el profesor Alvar en un breve pero acertado trabajo que, en la fecha de su publicación, pretendía establecer una (nueva) visión de conjunto de los problemas del lenguaje a la luz de los últimos desarrollos que el modelo estructural ofrecía sobre los hechos lingüísticos:

> «Pero si hemos visto que la fonética antigua ha dado lugar a toda una nueva teoría de planteamientos, desde el Congreso de Lingüística de París (1936) se viene viendo la dificultad de separar los hechos de morfología de los hechos de sintaxis. *Resulta entonces que, aisladas la fonética-fonología de una parte y el vocabulario de otra, la morfosintaxis viene a ser, sencillamente, gramática, por cuanto estudia la forma y la función de los elementos constitutivos de una lengua»*[23].

---

22. Ésta sería la postura defendida por la gramática estructural. Cf. *ut supra* –nota 6– lo referido respecto de los contenidos que E. Coseriu reserva a la *Lexicología.* Ahora bien, ello no significa que el Estructuralismo ignorase los problemas de índole morfológica. Como señala P. H. MATTHEWS (1974), «The neglect of morphology woult also have been surprising to any structural linguist of fifteen or more years ago. In Joos's well known *Readings in Linguistics* (an anthology of American writings from 1925 to 1956), eight of the items selected for 1940 to 1955 are concerned predominantly or exclusively with morphological questions: this compares with about twelve for phonology, at most five for syntax and none for semantics. Morphology is also central to many of Joos's more general selections. In the eventual companion volume, *Readings in Linguistics II,* there are various European contributions of equal importance» (*Morphology. An Introduction to the theory of word-structure,* Cambridge University Press, Cambridge-New York-Melbourne, p. 3) [«El abandono del estudio de la morfología hubiera resultado también sorprendente a cualquier lingüista estructural de hace quince o veinte años. En el conocido libro de Joos, *Readings in Linguistics,* antología de temas americanos de 1925 a 1956, ocho de los estudios seleccionados de 1940 a 1955 tratan de modo predominante o exclusivo de cuestiones morfológicas –frente a doce de fonología, cinco de sintaxis como máximo, y nada sobre semántica–. También es la morfología central en muchas de las selecciones de tipo más general efectuadas por Joos. En el volumen complementario, *Readings in Linguistics II,* aparecen varias contribuciones europeas de igual importancia»; cito por la versión española de Rafael MONROY CASAS, *Morfología, Introducción a la teoría de la estructura de la palabra,* Paraninfo, Madrid, 1980, p. 16].

23. Manuel ALVAR (1969), *Tendencias de la lingüística actual,* Publicaciones de la Universidad Autónoma de Madrid, Madrid, p. 7 (El subrayado es nuestro).

Incluso, en la actualidad, algunos desarrollos de la Gramática generativa defienden un esquema de los componentes de la gramática que se caracteriza, en palabras de Mª Lluïsa Hernanz y José Mª Brucart, por «la ausencia de uno de los componentes clásicos de la gramática: el nivel morfológico»[24]:

Componente léxico

Componente sintáctico

Componente fonológico   Componente semántico

El componente léxico (también denominado *vocabulario, diccionario* o *léxicón*) tiene como misión el almacenamiento de las unidades significativas básicas de la gramática. Estas unidades se combinan por medio de las reglas del componente sintáctico para dar lugar a la representación sintáctica (RS) de la oración. El componente fonológico se encarga de convertir la RS en una representación fonética (RF), que describe los sonidos de la oración. Por su parte, el componente semántico está formado por reglas que, a partir de la información contenida en la RS, obtienen la interpretación semántica (IS), que refleja el contenido significativo de la oración.

El distinto comportamiento de la *flexión* y de la *formación de palabras* ha llevado a algunos estudiosos a separar –en función del esquema al que nos referimos– el lugar de ambos fenómenos dentro del modelo gramatical. Según este criterio, la *flexión* es un procedimiento que sólo puede actuar después de que se hayan aplicado las reglas del componente sintáctico, ya que son éstas las que dictan las condiciones de relación entre dos o más palabras (concordancia). Por lo tanto, la *Morfología flexiva* ocuparía una posición intermedia entre la *Sintaxis* y la *Fonología*. De hecho, la *flexión* puede considerarse una parte más del componente fonológico representado más arriba[25]. En cambio,

24. Mª Lluisa HERNANZ y José Mª BRUCART (1987), *La Sintaxis (Principios teóricos. La oración simple),* Editorial Crítica, Barcelona, p. 19.

25. Podemos citar, en este sentido, dentro de nuestro ámbito, la edición española que del libro de problemas de fonología de M. HALLE y G. N. CLEMENTS ha realizado A. ALONSO-CORTÉS (1991), *Problemas de Fonología. Libro de ejercicios para cursos de introducción a la lingüística y a la*

los procesos de *derivación* y *composición* tienen un carácter esencialmente léxico: se trata, como ya hemos adelantado, de procedimientos que dan como resultado el incremento del caudal de palabras de una lengua. De ahí que se haya propuesto ubicarlos en el *lexicón*[26]. El resumen de esta situación, como señala Scalise, es que aun cuando la *Morfología* llegó a constituir un campo de estudio prioritario durante el período estructuralista tanto para la tradición europea como para la americana, «el péndulo cambió de posición en los primeros tiempos de la gramática generativa, sobre todo, a causa del papel preponderante asignado a la Sintaxis. Una prueba de esta falta de interés por la

---

fonología moderna, Minerva Ediciones, Madrid. En efecto, entre los ejercicios con material hispánico que se incorporan a los ya existentes en la edición original se incluyen –dentro del capítulo 3 «Clases naturales de sonidos»– dos problemas relativos, respectivamente, al *Plural español* y al *Plural de los préstamos en español,* temas que podrían perfectamente incluirse dentro de un capítulo de *Morfología.* Pues bien, al tratarse de *Morfología flexiva,* se considera aquí que el ámbito de su estudio puede concebirse dentro del componente fonológico de la gramática.

26. Con todo, no faltan defensores, dentro de la propia teoría generativa, de una Morfología como (sub)componente autónomo de la descripción gramatical. Sergio SCALISE (1984) señala al respecto:

«En el último decenio, la morfología ha recibido gran atención, convirtiéndose en un subcomponente de la gramática (el componente morfológico) que, según se piensa hoy, opera de manera autónoma con respecto a otros componentes de la gramática. En el modelo actual, las reglas morfológicas gozan de un estatuto formal explícito y el estudio de las propiedades nos ha llevado a descubrir que en el lexicón existen más regularidades de las que en un principio imaginábamos. Como se ha señalado, hoy la morfología constituye un microsistema dotado de un diccionario de unidades básicas o primitivos (palabras, temas, afijos, etc.), reglas formales (Reglas de Formación de Palabras) y principios abstractos que rigen la forma y el funcionamiento de dichas reglas (condición de adyacencia, hipótesis de base única, etc.)». [*Generative Morphology,* Foris Publication-Dordrecht, cito por la trad. esp. de José PAZO y Soledad VARELA, *Morfología generativa,* Alianza Editorial, Madrid, 1987, p. 11].

En nuestro ámbito, la citada Soledad VARELA, *Fundamentos...,* pp. 11-12, coincide en lo esencial con las propuestas de Scalise:

«La gramática generativa tiene como objetivo dar cuenta de la *competencia* lingüística del hablante, de su capacidad de entender y crear emisiones de lengua. Dentro de este objetivo general, el investigador de la morfología tratará de reflejar en su explicación el conocimiento que tiene el hablante no sólo de la *estructura interna de las palabras,* sino también de la *relación formal entre determinadas palabras* de su lengua y de los principios que rigen *formación de nuevas palabras.* Con ello dará cuenta de una parte de la competencia léxica del hablante, más precisamente reflejará su *competencia morfológica,* que es el objeto último de la Morfología».

23

Morfología durante la década de los sesenta es el hecho de que no se le enco-
mendara el estudio de un conjunto específico de problemas, sino que se su-
bordinara unas veces al componente sintáctico (morfosintaxis) y otras al componente fonológico (morfofonología)»[27].

1.2.2. Límites entre Morfología y Fonología

Como se puede intuir fácilmente tras las discusiones que hemos esbozado
con anterioridad, no son despreciables las dificultades que se nos presentan
para establecer una frontera nítida entre la Morfología y el resto de las disciplinas lingüísticas. La presencia de los alomorfos o variantes combinatorias de
los morfemas está condicionada con frecuencia por razones fonológicas. Este
hecho ha llevado a varios autores a postular la existencia de una disciplina denominada *Morfofonología* o *Morfonología,* cuyo ámbito de estudio se centraría
en el análisis de tales relaciones[28].

El concepto de *morfofonema,* que introdujo Trubetzkoy (Escuela de Praga)[29], es necesario para representar una unidad abstracta que se realiza como

---

27. S. SCALISE, *Morfología...,* p. 11. No debemos olvidar tampoco cómo el funcionalismo –
también el distribucionalismo–, al considerar específicamente los problemas morfológicos desde
la perspectiva de la categorización de las diferentes clases de palabras respecto de las funciones que
podían desempeñar en el decurso, así como los referentes a la formación de palabras dentro de la
lexicología, no establecían un nivel morfológico claramente diferenciado o, cuando menos, independiente de los demás.

28. «A further solution, for exemple, is to postulate yet a third field (that of *morphophonemics*
or *morphophonology*) which lies between phonology on the one hand, and morphology on the other. On an extreme view, this might form a third descriptive level –one level (morphology) being
concerned solely with grammatically conditioned or irregular alternants, the next (morphophonemics) with any that are phonologically conditioned, and the next (phonology) purely with the
characterisation of phonemes» (P. H. MATTHEWS, *Morphology,* p. 198) [«Cabe otra solución: la
de postular un tercer campo (el *morfofonémico* o el *morfofonológico*), a caballo entre la fonología
por un lado y la morfología por otro, que podría formar un tercer nivel descriptivo. Un nivel
(morfología) cubriría solamente los alternantes irregulares o gramaticalmente condicionados, otro
(morfofonémica) que trataría de los condicionantes fonológicos, y el siguiente (fonología) que estudiaría simplemente la caracterización de los fonemas» (*Apud Morfología,* p. 211).].

29. Para un documentado estudio sobre la historia de la disciplina y su aplicación a los prefijos españoles, se hace necesaria la consulta del trabajo de Antonio QUILIS (1970), «Sobre la Mor-

uno u otro de dos morfemas alternantes, según determinadas condiciones fonológicas. Veamos un ejemplo: en las palabras *electricidad* y *eléctrico* reconocemos una misma base léxica, pero en el primer caso su forma es /eléktriΘ-/ y en el segundo es /eléktrik-/. Podemos resolver el problema acudiendo a una representación abstracta del tipo /eléktriC-/, forma que contiene un *morfofonema C*, unidad que poseería dos realizaciones particulares[30].

1.2.3. *Límites entre Morfología y Sintaxis (Revisión histórica)*

Como vemos, el estatuto de la *Morfología* como disciplina autónoma en los estudios lingüísticos ha sido ampliamente discutido. Es más, desde una perspectiva histórica, han sido especialmente relevantes las discusiones que se han mantenido con respecto a la fijación de límites entre *Morfología* y *Sintaxis*.

La primera etapa de la historia de las ideas lingüísticas se caracteriza por la subordinación del análisis lingüístico al estudio del pensamiento. En efecto,

---

fonología. Morfonología de los prefijos en español», *Revista de la Universidad de Madrid*, XIX, nº 74, pp. 223-248.

30. *Apud* I. BOSQUE, «La Morfología», pp. 128-129. También en P. H. MATTHEWS, *Morphology*, p. 211. «The precise way of restricting the rule is perhaps less important. But a common technique would involve a special quasi-phonological unit called a *morphophoneme*», y en S. VARELA, *Fundamentos...*, pp. 122-124. S. SCALISE, *Morfología...*, pp. 71-84, propone la existencia de unas Reglas de reajuste (RR) –que, a su vez, son de dos tipos: Reglas de Truncamiento (RTr) y Reglas de Alomorfía (RAl)– cuyo fin sería el dar cuenta de las variantes morfológicas debidas a condicionamientos fonológicos. Por su parte, A. ALONSO-CORTÉS, *Lingüística general*, al tratar el tema de los *alternantes*, señala lo siguiente: «Es frecuente que los morfos aparezcan fonológicamente distantes como *abrir-abertura-abierto; poder-puedo*. Si esta distancia fonológica se debe a un proceso fonológico regular y existente se trata de alternancias morfológicas. Así, en *abert-ura, abiert-o, pod-er, pued-o* un proceso de diptongación relaciona las formas no diptongadas con las diptongadas. Una forma de las que aparecen se establece como básica o subyacente. A esta forma subyacente común podemos denominarla *archimorfema*, siguiendo el paralelismo con el archifonema» (p. 137). El término *archimorfema* fue acuñado por M. S. RUIPÉREZ (1953), «The Neutralization Morphological Oppositions as Illustrated by the Neutral Aspect of the Present Indicative in Classical Grek», *Word*, 9: «Neutralization always involves the disappearance of the distinctness of the signifiants as it exists in positions of fuel differentiation. The signifiant that occurs in the position of neutralization and which I should like to call *archimorpheme* (parallel to 'archiphoneme')» (pp. 245-246).

la especulación lingüística se incluía bajo el epígrafe de *philosophía* (que abarcaba todo el dominio del saber humano). Los primeros pensadores veían en el signo lingüístico –representado por la unidad *palabra*– una categoría susceptible de aislamiento y de análisis. Dentro de dicha unidad se podían distinguir diferentes categorías que se ordenaban jerárquicamente. Así, de este modo, surgen en primer lugar el *nombre* y el *verbo* en torno a los cuales se ordenan el resto de las categorías[31].

31. Y este concepto es una constante válida tanto para la tradición lingüística occidental como para la oriental. Así, dentro de esta última, la Gramática de Panini –en palabras de A. ALONSO-CORTÉS, que recoge las ideas de Cardona y Staal– «es básicamente una Morfología, esto es, trata de reglas de formación de nombres y verbos (...) En Panini no existe el concepto de oración subordinada ni el concepto gramatical de sujeto, sino más bien algo similar a papeles temáticos, esto es, funciones semánticas de las frases, casos, que son los *karakas* (...). El concepto de frase parece estar ausente» (A. ALONSO-CORTÉS, *Lingüística general,* pp. 278-279 [Sobre la gramática de Panini pueden consultarse también los trabajos que acabamos de señalar de pasada: J. F. STAAL (1975), «Sanskrit Philosophy of Language» en H. PARRED (ed.), *History of Linguistic Thought and Contemporary Linguistics,* W. de Gruyter, Berlin; G. CARDONA (1975), «Some Features of Paninian Derivations», en H. PARRED (ed.), *History...*]). En la tradición occidental, ya en los diálogos platónicos –*Cratilo o sobre la verdad de las palabras*– se hace referencia a las dos categorías fundamentales –*nombre* y *verbo*–:

«Una vez que hayamos examinado concienzudamente todo esto, sabremos suficientemente dar a cada sonido, según su semejanza, la relación que le corresponde, ya haya que atribuir uno solo a una sola cosa o mezclar varios para un objeto único. De la misma manera (...) nosotros aplicaremos los sonidos a las cosas, a una sola, el único elemento que parece convenirle, en otros casos una multitud de sonidos que se conviene en llamar sílabas, y de la reunión de sílabas a la vez formaremos los onómata y los rhémata» (Platón, *Cratilo o sobre la verdad de las palabras, Apud* H. ARENS, *La Lingüística...,* p. 22).

O bien, se toma la unidad palabra como base de la especulación lingüística –centrada en el debate sobre el origen del lenguaje entendido en la relación que mantienen las *palabras* y los significados que se les atribuye a éstas–:

«Cratilo, aquí presente, afirma, oh Sócrates, que hay para cada cosa un nombre que surge de la naturaleza de la cosa misma y que no hay que reconocer como (verdadero) nombre el que algúnos emplean por convención como denominación del objeto, eligiendo (caprichosamente) un fragmento de su lenguaje como expresión de aquél, sino que hay una exactitud natural de los hombres, que es la misma para todos, griegos y bárbaros...» (*Apud* H. ARENS, *La Lingüística...,* p. 20).

«En su origen, las palabras no se formaron por convención caprichosa, sino que la naturaleza de los hombres experimenta en cada pueblo un tipo especial de impresiones y, de conformidad con ellas, forma también determinadas representaciones y produce una manera especial de

Apolonio Díscolo, último de los gramáticos alejandrinos, va a ser el primer gramático que distingue que la palabra –*léksis*– no es una unidad independiente, sino que puede inscribirse en otra unidad superior: la frase –*lógos*–[32]. El estudio del lenguaje no se agota con el análisis de las palabras y sus categorías, sino que requiere resolver cómo se unen entre sí las palabras: cómo se realiza la *Sintaxis* (con lo que surge por primera vez en la Historia de la Lingüística este término).

Los gramáticos latinos aceptaron el sistema gramatical de Apolonio y, a través de Prisciano (512-560), la distinción se incorporó a la Edad Media, y de ahí a toda la tradición gramatical moderna[33]. Por ejemplo, en nuestro ámbito hispánico, Nebrija (siglo XV) fija las partes de la gramática siguiendo el esquema de Prisciano. El criterio de ordenación es el siguiente[34]:

formación de palabras según las impresiones y representaciones respectivas, en lo cual desempeña también su papel la diversidad de los lugares habitados» (Epicuro, reproducido de Diógenes Laercio *De vitis philosophorum Libri X*, libro 10, §75. *Apud* H. ARENS, *La Lingüística...*, pp. 34-35).

32. En este sentido, recoge los postulados establecidos en la primera descripción de la lengua griega, considerada como la primera gramática de Occidente, la *Tékhne grammatiké* de Dionisio de Tracia, donde incluso se define nocionalmente la oración: «la que expresa un sentido completo».

33. Los historiadores de la Lingüística coinciden en señalar que los romanos son fieles imitadores de los griegos y que no hacen aportaciones significativas en el campo de la descripción gramatical. ARENS –*La Lingüística...*, pp. 51-53– afirma que sus obras son «estériles repeticiones» basadas en la obra de Remio Palemón, gramático romano del siglo I d.C. que «tradujo» la *Tékhne* de Dionisio de Tracia. R. H. ROBINS (1984[4]) –*Breve historia de la Lingüística,* Paraninfo, Madrid, p. 57– considera que, a grandes rasgos, la lingüística romana aplica al latín el pensamiento griego, las controversias griegas y la categorización del lenguaje de los griegos». M. LEROY –(1971[2]) *Les grandes courants de la Linguistique moderne,* Université de Bruxelles, Bruxelles, p. 6– opina que los romanos «fueron buenos alumnos de los griegos» y que «se esforzaron por someter servilmente el estudio de su lengua a las "reglas" formuladas por los teóricos griegos y no hicieron sino tomar y propagar sus ideas». Ahora bien, todas estas apreciaciones tienen su justo contrapunto en W. THOMSEN (1945) –*Historia de la lingüística*, Labor, Madrid, especialmente la p. 46– y, en nuestro ámbito, en Jesús TUSÓN (1987[2]), *Aproximación a la historia de la lingüística*, Teide, Barcelona –especialmente, las pp. 29-31. «Sobre el tema de las "estériles reproducciones"»–.

34. «Los que bolvieron de griego en latín este nombre, gramática, llamaron la arte de letras, τ a los profesores τ maestros della dixeron grammáticos, que en nuestra lengua podemos dezir letrados. Ésta, según Quintiliano, en dos partes se gasta: la primera los griegos llamaron methódica, que nos otros podemos bolver en doctrinal, por que contiene los preceptos τ reglas del arte; la cual, aun que sea cogida del uso de aquellos que tienen autoridad para lo poder hazer, defiende

A las dos unidades básicas corresponden dos estudios distintos:

A las unidades superiores en que se inscriben esos dos elementos iniciales corresponden otros dos estudios distintos:

Una de las más importantes cuestiones que se desprenden de este esquema es que *palabra* y *oración* aparecen separadas formando parte de distintas parcelas.

Con todo, debemos señalar que *Etimología* no se utiliza aquí en el sentido actual. De hecho, para hacer referencia al estudio de la palabra se emplea también, en otros escritos de esta misma época, el término *Analogía*. Estamos, pues, ante un problema de nomenclatura gramatical. Los términos *Etimología* y *Analogía* se encuentran igualmente repartidos desde Nebrija y res-

que el mesmo uso no se pueda por ignorancia corromper. La segunda los griegos llamaron istórica, la cual nos otros podemos bolver en declaradora, por que expone τ declara los poetas τ otros autores por cuia semejança avemos de hablar. *Aquella que diximos doctrinal en cuatro consideraciones se parte: la primera los griegos llamaron Orthographía, que nos otros podemos nombrar en lengua romana, sciencia de bien τ derecha mente escrivir. A ésta esso mesmo pertenece conocer el número τ fuerça de las letras, τ por qué figuras se an de representar las palabras τ partes de la oración. La segunda los griegos llaman Prosodia; nos otros podemos la interpretar acento, o más verdadera mente, cuasi canto. Ésta es arte para alçar τ abaxar cada una de las sílabas de las dicciones o partes de la oración. A ésta se reduze esso mesmo el arte de contar, pesar τ medir los pies de los versos τ coplas. La tercera los griegos llamaron Etimología; Tulio interpretóla anotación; nos otros podemos la nombrar verdad de palabras. Ésta considera la significación τ accidentes de cada una de las partes de la oración, que, como diremos, en el castellano son diez. La cuarta los griegos llamaron Syntaxis, los latinos construcción; nos otros podemos la llamar orden. A ésta pertenece ordenar entre sí las palabras τ partes de la oración* (Antonio de NEBRIJA (1492), *Gramática de la Lengua castellana,* Estudio y edición de Antonio Quilis, Editorial Centro de Estudios Ramón Areces, Madrid, 1989, pp. 117-118. El subrayado es nuestro).

ponden a dos concepciones contrapuestas del lenguaje cuyo origen se remonta a las primeras observaciones que sobre el lenguaje establecieron los griegos, constituyendo una de las más destacadas controversias de la Historia de la Lingüística. Los etimologistas eran gramáticos que concebían el lenguaje como asistemático e irregular, y veían en las anomalías hechos no excepcionales. Por contra, los analogistas consideraban que el lenguaje constituía un sistema regular. Junto a estos contenidos, alrededor de esta misma época (ss. XV, XVI, XVII), se incorporó el deseo de búsqueda del origen de las palabras, si bien aún no debemos por ello interpretar el concepto moderno de etimología. Se trataba entonces de clasificar una forma determinada en su categoría respectiva y, si dicha categoría admitía flexión, presentarla en su forma original (si es un nombre, en caso nominativo; si es un verbo, en infinitivo o en presente de indicativo, etc.).

Los gramáticos españoles adoptaron en los siglos XVI y XVII el término *Etimología*. La designación *Analogía* fue introducida en la gramática española por Fray Benito de San Pedro en su *Arte del Romance castellano* (1769)[35]. La *Gramática* de la Academia no utiliza en sus tres primeras ediciones de forma explícita ninguno de los dos términos, si bien desde 1796 aparece por vez primera el de *Analogía*[36], que se conserva hasta su última edición (1931), hacien-

35. *Arte del Romance Castellano dispuesta segun sus principios generales i el uso de los mejores autores por el P. Benito de San Pedro de la Escuela Pia.* En Valencia: En la Imprenta de Benito Monfort, Impressor del Colegio Andresiano. Año de 1769. «Modo de leer el Arte. De la Gramática i de sus partes. Orden de las materias [índice de los dos tomos]. Texto [Comprende los dos primeros libros: 1º, Del Origen i Epocas de la Lengua Española, y 2º *Analogia* de las partes de la oracion]». *Apud* Conde de la Viñaza (1893), *Biblioteca histórica de la Filología Castellana,* Imprenta y Fundición de Manuel Tello, Madrid, col. 149.

36. *Gramática / de la lengua / castellana / Compuesta / por la Real Academia / Española,* Madrid, por D. Joaquín de Ibarra, Impresor de Cámara de S.M., M.DCC.LXXI. [Las ediciones de 1772 y de 1781, como cumplidamente se señala en la portada, no son sino reimpresiones de la primera]. «La Gramática es arte de hablar bien. Divídese en dos partes: la primera trata del número, propiedad y oficio de las palabras; la segunda, del orden y concierto que deben tener entre sí, para expresar con claridad los pensamientos» (pp. 1-2). Cf. con las mismas páginas de la *Gramática / de la lengua / castellana / Compuesta / por / la Real Academia / Española / Quarta edición / corregida y aumentada,* por la Viuda de D. Joaquín Ibarra, Impresora de la Real Academia, M.DCC.XCVI: «La Gramática es el arte de hablar bien. Consta de quatro partes, que son: Ortografía, Analogía, Sintaxis y Prosodia. La Ortografía enseña el número y valor de las letras de que

do referencia, en todo caso, a lo que venimos entendiendo por *Morfología*[37].
De hecho, en el *Esbozo*, se establecen tres divisiones: *Fonología* (que abarca la
Prosodia y la *Ortografía*), la *Morfología* (*Analogía* –*Etimología*–) y *Sintaxis*[38].
A partir del siglo XIX, el término *Etimología* adquiere un nuevo valor.
Designa la disciplina destinada a referir genéticamente las palabras de un
idioma a otro del que procede. Con ello, también el término *Analogía* se uti-
liza con un matiz más específico: designa el fenómeno en virtud del cual una
palabra cambia de forma por semejanza con otra palabra.

Esta división de la gramática que venimos comentando, cuyo origen se sitúa en el período alejandrino, está cimentada en un criterio de clasificación
formal. No se apela a los significados. Esta distinción atravesó inmaculada los
siglos XVIII y XIX. El comparatismo la acogió sin reservas, así como los neo-
gramáticos. W. Meyer Lübke escribe en su *Gramática* de 1890:

> «Les éléments constitutifs du mot sont, avant tout, les sons; c'est pourquoi
> on place la phonétique à la base des études grammaticales (...) A la phonéti-
> que se rattache l'étude des flexions (...) Ainsi la formation des mots conduit
> directement à la syntaxe, c'est-à-dire à l'étude des rapports des mots entre
> eux». [«Los elementos constitutivos de las palabras son, en primer lugar, los
> sonidos; por eso, la fonética ha de situarse en la base de los estudios gramati-
> cales. A la fonética sigue el estudio de la flexión. A continuación, el estudio

se forman las sílabas y palabras; la Analogía, el conocimiento de las palabras, que son partes de la
oración, con todos sus accidentes y propiedades; la Sintaxis, el orden y dependencia de estas palabras en las oraciones, con que explicamos nuestros pensamientos; la Prosodia, el sonido propio y
verdadera pronunciación de las letras, sílabas y palabras, de que se compone el lenguaje. Al presente, sólo se trata de la Analogía y la Sintaxis, omitiendo la Ortografía porque anda en tratado
separado, y la Prosodia, por no haber fixado todavía la Academia las reglas de la verdadera pronunciación de las vocales castellanas».

37. REAL ACADEMIA ESPAÑOLA (1931), *Gramática de la Lengua española*, Espasa-Calpe, Madrid. «La ANALOGÍA es la parte de la *Gramática* que enseña el valor de las palabras consideradas aisladamente, con todos sus accidentes» (p. 9).

38. REAL ACADEMIA ESPAÑOLA (1973), *Esbozo de una nueva gramática de la Lengua española*,
Espasa-Calpe, Madrid. «Son numerosas las innovaciones que aquí se introducen, aunque no todas de igual envergadura. Frente a las cuatro partes en que aparecía dividida la *Gramática* en la
edición de 1931 –"Analogía", "Sintaxis", "Prosodia" y "Ortografía"–, ahora la exposición gramatical consta de tres partes denominadas "Fonología" (en que se refunden las antiguas partes tercera y cuarta), "Morfología" (que corresponde a la antigua primera parte) y "Sintaxis"» (p. 5).

de la formación de palabras conduce directamente a la sintaxis, es decir, al estudio de las relaciones de las palabras entre sí»][39].

A finales del siglo XIX, este tipo de clasificación hizo crisis. La obra que resultó ser fundamental en el paso hacia una nueva concepción fue el trabajo del alemán J. Ries: *Was ist Syntax?*, que tuvo una importante influencia en la gramática posterior. En él muestra la imposibilidad de imponer una barrera neta entre *Morfología* y *Sintaxis*. Veamos a través de un ejemplo adaptado al español la base de su argumentación.

Consideremos al azar la palabra *ordenaba*. Si acudimos al análisis morfológico que se proponía tradicionalmente, obtendríamos datos como los siguientes:

-aba

i) Denota que *ordenaba* es un verbo;
ii) que ese verbo está en tercera persona del singular del Pretérito imperfecto de indicativo;
iii) que el verbo pertenece a la 1ª conjugación.

Si, además, consideramos la perspectiva léxica:

- El *diccionario* nos propone distintas alternativas: 1. «poner en orden»; 2. «mandar»; 3. «situar objetos y personas de un modo determinado».
- Como *clase de palabras*, dado que se trata de un verbo, significa un proceso.
- Como *tiempo verbal*, significa «proceso que dura en el pasado».

J. Ries se pregunta si estas informaciones son suficientes. Lo cierto es que, desde el punto de vista de la forma aislada, no podemos decir nada más. Ahora bien, consideremos esta palabra en un contexto:

Si yo estuviera ahí, ordenaba todo lo contrario

Para Ries, la función y la significación que adquiere *ordenaba* en ese contexto no viene determinada por los datos que nos proporcionaba la Morfología tradicional −en sus dos vertientes, flexiva y léxica−. En efecto, se puede

---

39. Wilhelm MEYER-LÜBKE (1890-1906), *Grammaire des langues romanes, I (Phonétique)*, trad. de E. Rabiet, Laffite Reprints, Marseille, 1974, pp. 1-2 (La traducción es nuestra).

decir de entrada que ha especificado su significado, que antes era confuso (se proponían, por ejemplo, tres significados, cuando en la oración anterior sólo significa «mandar»). En segundo lugar, su significación como tiempo ha variado radicalmente. En este contexto no significa un pasado que dura, sino una acción puntual y concreta en el presente.

La conclusión a la que conducen las argumentaciones de Ries es que hace falta dentro de la Sintaxis una Morfología que nos indique cómo, por ejemplo, un Presente puntual puede ser expresado por una forma que corresponde a un Pretérito imperfecto[40]. En efecto, para Reis, son tres las partes en que se divide la Gramática: la doctrina de los sonidos (*Lautlehre*), que nosotros reinterpretaremos como Fonética, la doctrina de la *palabra* (*Wortlehre*), que nosotros reinterpretaremos como Lexicología (objeto de nuestro estudio), y la doctrina de la trabazón (de las palabras) (*Syntax*). Pues bien, tanto en la Lexicología (*Wortlehre*) como en la Sintaxis (*Syntax*) puede hablarse de una Mor-

---

40. J. Ries (1894), *Was ist Syntax?*, Praga, 1927[2]. «Die wissenschaftliche Grammatik stellt ihren Gegenstand von innen heraus dar, verzeichnet, ordnet und klassifiziert alle seine Bestandteile, alle ihre Erscheinungsformen und Verbindungen nach ihrem eigenen Wesen, das sie zu begreifen und zu erklären versucht. *Die wissenschaftkiche Syntaxlehrt nicht, wie die Worte zusammenzufügen sind, sondern wie sie sich zusammenfügen. Syntax ist nicht Bedeutungslehre der Wortarten und Wortformen; denn der Gegensatz von Syntax ist nicht Formenlehre und Bedeutungslehre zerfällt sowohl die Wortlehre als die Syntax. Syntax ist der dritte Teil der nach den behandelten Objekten gegliederten Grammatik. Er behandelt die Verbindung der Worte zu neuen Einheiten oder die Wortfugung. Sein Gegenstand sind die Wortgefüge; alle Wortgefüge und nicht nur die Sätza; nichts als die Wortgefüge und nicht auch die Wortarten und Wortformen*» (pp. 142-143) [«La Gramática científica ofrece su objeto desde dentro. Caracteriza, ordena y clasifica todas sus partes, todas sus formas de aparición y todas las conexiones, según su propia naturaleza; naturaleza que intenta captar y explicar. *La Sintaxis científica no enseña cómo hay que juntar las palabras, sino cómo se juntan. La Sintaxis no es la Semántica (Bedeutungslehre) [literalmente, "doctrina del significado"] de las clases de palabras y de las formas de las palabras, porque lo opuesto a la Sintaxis no es la Morfología (Formenlehre) ["doctrina de las formas"], sino la Lexicología (Wortlehre) ["doctrina de las palabras"]. A la Morfología (Formenlehre) no se opone la Sintaxis, sino la Semántica (Bedeutungslehre); en Morfología (Formenlehre) y Semántica (Bedeutungslehre) se divide tanto la Lexicología (Wortlehre) como la Sintaxis. La Sintaxis es la tercera parte de la Gramática, dividida atendiendo a los objetos considerados. Trata de la unión de las palabras en unidades nuevas o trabazón de palabras. Su objeto son las trabazones de las palabras. Todas las trabazones y no solamente las oraciones. Nada más que las trabazones y no las clases de palabras y formas de las palabras*»]. Agradezco al Prof. Adelino Álvarez la traducción de este fragmento; el subrayado es nuestro.

fología (*Formenlehre*) y de una Semántica (*Bedeutungslehre*). De ahí que la oposición que tradicionalmente se venía manteniendo entre Morfología y Sintaxis quedase en entredicho a partir de esta nueva perspectiva:

Lautlehre	*Wortlehre*	*Syntax*
↓	↓	↓
«Fonética»	«Lexicología»	«Sintaxis»
	a) Bedeutungslehre	a) Bedeutungslehre
	b) Formenlehre	b) Formenlehre

Ante esta propuesta, caben dos soluciones, una de las cuales es doble:

1)   a)   Tratar en *Morfología* todas las posibilidades funcionales de las formas. En ese caso, habría que hablar de funciones tanto en *Morfología* como en *Sintaxis*. De ahí las repeticiones de hechos idiomáticos que se observan a menudo en la Gramática tradicional (En el prólogo a la *Gramática* de 1854, la Academia previene que va a haber repeticiones)[41].

b)   Intentar establecer una frontera nítida entre *Morfología* y *Sintaxis* (Vicente Salvá lo intenta en el prólogo a su *Gramática* de 1830)[42].

41. *Gramática de la lengua castellana,* por la Real Academia Española, Nueva edición, Madrid, en la Imprenta Nacional, 1854. «Se ha dado á la primera parte, esto es, á la *Analogía,* más extensión que á la segunda, ó sea á la *Sintaxis,* porque en aquella están las más notables anomalías, y por consiguiente las mayores dificultades del castellano; y como para explicarlas y excusar frecuentes remisiones ha sido forzoso anticipar más de una vez nociones de construcción, aparecerán algunas de éstas en ambas partes del Tratado, lo cual si algo perjudica á su más rigurosa y matemática división, ofrece evidentemente más ventajas que el sistema contrario, segun el cual serían incomprensibles muchos preceptos sobre la índole, la significación y el uso de las diferentes partes de la oración» (p. ix).

42. Vicente SALVÁ (1830), *Gramática de la lengua castellana,* estudio y edición de Margarita Lliteras, Arco/Libros, Madrid, 1988. «Deseando seguir el camino común y trillado mientras no se saquen grandes ventajas de su abandono, he dividido mi obra en los cuatro tratados que comprenden de ordinario las Gramáticas. En el intitulado *Analogía* expongo ante todas cosas las reglas para leer y pronunciar correctamente, y en seguida trato de las partes de la oración, limitándome a poner la declinación del nombre, sus géneros, las modificaciones que sufre para pasar a comparativo, superlativo, aumentativo o diminutivo, o en razón de ser derivado o compuesto; a la conjugación de los verbos, así regulares como irregulares, y a dar una idea muy en globo de las partículas indeclinables. Explicar el uso que ha de hacerse de estas mismas partes, cómo han de colocarse en el discurso y las mutaciones que sufren según que van antepuestas o pospuestas, es oficio propio y

2) Una exposición gramatical no puede establecer una frontera entre la forma aislada y cómo se combina en una oración (Planteamiento de Ries).

Esta segunda concepción tuvo una gran acogida en las gramáticas de las lenguas románicas –a modo de ejemplo, podemos señalar, entre las españolas, la de Amado Alonso y Henríquez Ureña[43] o la de Salvador Fernández Ramírez[44]–. Definitivamente, se consolidará con el impulso de las ideas de Saussure en la gramática contemporánea. En este sentido, el lingüista ginebrino hace ver que la distinción de los casos latinos sólo son gramaticales en cuanto se oponen funcionalmente a los otros (esto es, un acusativo funciona en la lengua de distinta manera que un nominativo). Consecuencia inmediata de ello es que Morfología y Sintaxis mantienen una interrelación:

> «La morphologie traite des divers catégories de mots (verbes, noms, adjectifs, pronoms, etc.) et des différentes formes de la flexion (conjugaison, déclination). Pour séparer cette étude de la syntaxe, on allègue que cette dernière, a pour objet les fonctions attachées aux unités linguistiques tandis que la morphologie n'envisage que leur forme; elle se contente par exemple de dire que le génétif du grec *phúlax* «gardien» est *phulakós*, et la syntaxe renseigne sur l'emploi de ces deux formes.
> Mais cette distinction est illusoire: la série des formes du substantif *phúlax* ne devient paradigme de flexion que par la comparaison des fonctions attachées aux différentes formes; réciproquement, ces fonctions ne sont justiciables de la morphologie que si à chacune d'elles correspond un signe phonique déter-

exclusivo de la *Sintaxis,* como también el señalar las delicadas y casi susceptibles diferencias que hay en los diversos modos de decir. Para esto, me he dilatado en el uso general de las preposiciones y en la lista de las que rigen particularmente algunos nombres, verbos y adverbios» (pp. 92-93).

43. Amado ALONSO y Pedro HENÍRQUEZ UREÑA (1971), *Gramática castellana,* Losada, Buenos Aires.

44. Salvador FERNÁNDEZ RAMÍREZ (1951), *Gramática española, 1. Prolegómenos,* volumen preparado por José Polo, Arco/Libros, Madrid. «Mi idea inicial fue la de componer una Sintaxis del Español común de nuestros días. No tardé en advertir, comenzados ya los trabajos, las dificultades que se me ofrecían para deslindar los fenómenos de rección, subordinación, agrupamiento y orden de palabras en el campo sintáctico, etc., de lo puramente morfemático. Razones teóricas aconsejaban también considerar todo el sistema conjuntamente en su complejidad. Decidí, por lo tanto, incorporar a la sintaxis el estudio de los morfemas, es decir, la morfología, pero sin formar con ello un tratado aparte, sino articulándolo precisamente con los otros fenómenos conexos, condicionantes o condicionados» (p. 300).

miné. Une déclination n'est ni une liste de formes ni une série d'abstractions logiques, mais une combinaison de ces deux choses; formes et fonctions sont solidaires, et il est difficile, pour ne pas dire impossible, de les séparer. Linguistiquement, la morphologie n'a pas d'objet réel et autonome; elle ne peut constituer une discipline distincte de la syntaxe»[45].

La conclusión de Saussure coincide, pues, con la de Reis.

A. Meillet –discípulo de Saussure– rechaza la división tradicional apoyándose casi en los mismos argumentos. Así, señala que el valor de los casos no puede ser expresado por fórmulas abstractas, sino que se alcanzan en la frase. Forma y función son solidarias[46].

En el Sexto Congreso de Lingüistas celebrado en París (1949) uno de los asuntos fundamentales que se debatieron fue el dar una respuesta a la pregunta: ¿Se puede proponer una definición universalmente válida de Morfología y Sintaxis como disciplinas autónomas?[47] Se ofrecieron soluciones contrapuestas:

---

45. Ferdinand de SAUSSURE (1915), *Cours de Linguistique générale,* édition critique préparée par Tullio de Mauro, Payot, Paris, 1978, pp.185-186 [«La morfología trata de las diversas categorías de palabras (verbos, nombres, adjetivos, pronombres, etc.), y de las diferentes formas de flexión (conjugación, declinación). Para separar este estudio de la sintaxis se alega que esta última tiene por objeto las funciones propias de las unidades lingüísticas, mientras que la morfología sólo considera su forma; se contenta por ejemplo con decir que el genitivo del griego *phúlax,* "guardián", es *phúlakos,* y la sintaxis informa sobre el empleo de esas dos formas. Pero esta distinción es ilusoria: la serie de formas del substantivo *phúlax* sólo se convierte en paradigma de flexión por la comparación de las funciones unidas a las diferentes formas; y a la recíproca, estas funciones sólo se justifican en la morfología si a cada una de ellas le corresponde un signo fónico determinado. Una declinación no es ni una lista de formas, ni una serie de abstracciones lógicas, sino una combinación de las dos cosas: formas y funciones son solidarias; y es difícil, por no decir imposible, separarlas. Lingüísticamente, la morfología no tiene objeto real y autónomo; no puede constituir una disciplina distinta de la sintaxis» (Cito por la trad. esp. de Mauro ARMIÑO, *Curso de Lingüística general,* Akal, Madrid, 1980, pp. 186-187)].

46. «Le mot indo-européen comprend ainsi trois parties: la *racine,* le *suffixe* et la *déssinence* dont chacune a un rôle bien distinct: la racine indique le sens général du mot, le suffixe en précise la valeur, et la déssinence en marque (concurrement avec d'autres moyens d'expression) le rôle dans la phrase» (Antoine MEILLET (1903), *Introduction à l'étude comparative des langues indo-européennes,* Librairie Hachette et Cie, Paris, p. 117).

47. M. LEJEUNE (ed.) (1949), *Actes du Sixième Congrès international de linguistes,* Klincksieck, Paris. «Question III "Peut-on poser une définition universellement valable des domaines respectifs de la morphologie et de la syntaxe?" Rapport de M. Bohumil Trnka», pp. 19-30.

a) Un sector de lingüistas se mostró hostil a la distinción. Los neoidealistas italianos, bajo la influencia de B. Croce, veían en el lenguaje una unidad artística imposible de segmentación. Así mismo, Frei, jefe de la escuela ginebrina, siguiendo los postulados de Saussure, se mostraba contrario a la distinción[48].

b) Por contra, la autonomía de ambas disciplinas contó con un buen número de defensores: Van der Berg[49], Martinet[50], Kuriło

48. «M. Bonfante (Princeton) expose le point de vue des néolinguistes italiens qui, sous l'influence de la philosophie de Croce, refusent toute valeur philosophique et théorique aux catégories grammaticales. La langue est une unité artistique et ne peut pas être dépecée artificiellement». M. Pisani (Milan) remarque que la définition de la morphologie et de la syntaxe ne peut pas être formulée *a priori,* c'est-à-dire qu'il est impossible de la fonder sur la nature de l'objet que nous définissons, mais seulement *a posteriori,* c'est-à-dire qu'elle repose sur une convention pour laquelle il est très difficile d'arriver à un accord général.
«M. Frei (Genève) cite la thèse de F. de Saussure que "linguistiquement, la morphologie n'a pas d'objet reél et autonome; elle ne peut pas constituer une discipline distincte de la syntaxe"» (*Apud* B. TRNKA, «Peut-on...?» en M. LEJEUNE, *Actes...,* p. 19).
49. «M. Van den Berg (Rotterdam) pose pour la langue néerlandaise la définition suivante: "la morphologie est la part de la grammaire qui s'occupe de la structure des mots et détermine la fonction et la signification des changements que les mots subissent. La syntaxe est la part de la grammaire qui s'occupe de la structure du groupe des mots et qui examine comment les relations entre les mots sont exprimées"» (*Apud* B. TRNKA, «Peut-on...?» en M. LEJEUNE, *Actes...,* p. 20) [«V.d.B. establece la siguiente definición para la lengua holandesa: "la morfología es la parte de la gramática que se ocupa de la estructura de las palabras y determina la función y la significación de los cambios que experimentan las palabras. La sintaxis es la parte de la gramática que se ocupa de la estructura de la agrupación de palabras y que analiza cómo se expresan las relaciones entre las palabras"»].
50. «D'après Martinet (New-York), la division de la grammaire en morphologie et syntaxe dépend de la distinction du mot et du syntagme. Or, le mot comme unité, dont le critère le plus intéressant est, d'après son opinion, la non-séparabilité, rend-il possible la description la plus simple et la plus claire de langues comme certaines langues amérindiennes? La distinction du mot comme unité intermédiaire entre le signe et le syntagme et la division de la grammaire en morphologie et syntaxe que cette distinction implique est légitime en prémier lieu quand nous décrivons des types linguistiques (comme les langues sémitiques et indo-européennes) dans lesquels il existe les formes synthétiques (le latin *eram, amo*), l'infixation ou les alternances internes (le latin *linquo,* l'ánglais *sing-sang-sung-song*) et des désinences homophones (*homini---servi*). Ce n'est que dans le cas où il existe une correspondance régulière entre chaque signifié et un signifiant aisément isolable que nous puvons nous passer de la division de l'exposé en deux chapitres successifs: la morphologie et/la syntaxe, quoique même ici cette division apporterait de la clairté. Mais, si nous gardons, pour des raisons pratiques, cette unité intermédiaire, elle sera définie en fonction de la langue étudiée. Il sérait également possible de concevoir la différence entre la morphologie

wicz[51]. Ahora bien, el problema de la distinción entre Morfología y Sintaxis está en función de los diferentes tipos de lenguas. El *Círculo de Praga* hizo

et la syntaxe en considérant la syntaxe essentiellement comme une science de la chaîne parlée, tandis que la morphologie traiterait des rapports des signes dans un système; son objet sérait alors la classification des signes et des groupes complexes de signes. Pour la description d'une langue il faut prende point de départ non pas la base sémantique, mais la chaîne parlée, et en tirer les éléments nécessaires à l'identification des signes, puis procéder à cette identification d'après l'axe paradigmatique et, enfin, se placer de nouveau sur l'axe syntagmatique pour l'examiner à la lumière du système dégagé. Dans les deux disciplines conçues de cette façon, qui empiètent sans cesse l'une sur l'autre, on voit deux étapes obligatoires de la description de toute langue» (*Apud* B. Trnka, «Peut-on...?» en M. Lejeune, *Actes...*, p. 23) [«Para Martinet, la división de la gramática en morfología y sintaxis depende de la distinción entre palabra y sintagma. Ahora bien, la palabra como unidad, cuyo criterio más interesante es, en su opinión, la no separabilidad, ¿posibilita una descripción más simple y clara de algunas lenguas como las amerindias? La distinción de la palabra como unidad intermedia entre el signo y el sintagma, así como la división de la gramática en morfología y sintaxis que tal distinción implica es legítima en primer lugar cuando describimos tipos lingüísticos (como las lenguas amerindias e indoeuropeas) en los que existen formas sintéticas (latín *eram, amo*), infijación o alternancias internas (latín *linquo,* inglés *sing-sang-sung-song*) y desinencias homófonas (*homini---servi*). Sólo en el caso en que no exista una correspondencia regular entre cada significado y un significante fácilmente aislable podremos prescindir de la división expuesta en dos capítulos sucesivos: la morfología y la sintaxis, por más que incluso en este caso tal división aportase claridad. Pero, si mantenemos, por razones prácticas, esta unidad intermedia, podrá definirse en función de la lengua estudiada. Resultaría igualmente posible concebir la diferencia entre la morfología y la sintaxis considerando la sintaxis esencialmente como una ciencia de la cadena hablada, mientras que la morfología trataría de las relaciones de los signos dentro de un sistema; su objeto sería entonces la clasificación de los signos y de los grupos complejos de signos. Para la descripción de una lengua hay que partir no de la base semántica, sino de la cadena hablada, y extraer de ella los elementos necesarios para la identificación de los signos; en segundo lugar, proceder a esta identificación en el eje paradigmático y, por último, situarse de nuevo en el eje sintagmático para analizarlo a la vista del sistema establecido. En ambas disciplinas, concebidas de este modo, imbricándose mutuamente de forma constante, se vislumbran dos etapas obligatorias en la descripción de cualquier lengua»].

51. «M. Kuryłowicz (Cracovie) souligne également le fait que la morphologie est subordonnée à la syntaxe, car les parties principales du langage (le substantif, l'adjectif, le verbe, l'adverbe) déduisent leur contenu sémantique de leur emploi syntaxique. La syntaxe qui traite de la réalité linguistique est *definiens* de la morphologie. C'est une science qui s'occupe des oppositions (des rapports) existant entre les mots en tant que membres d'une structure (proposition, groupe de mots). La tâche de la morphologie est "d'établir les oppositions (les rapports) existant soit entre les mots en tant que membres d'une classe défénie par la fonction syntaxique primaire de ses membres (substantifs, adjectifs, etc.) soit entre les classes elles-mêmes"» (*Apud* B. Trnka, «Puet-

notar que en las lenguas indoeuropeas es fácil la diferenciación entre ambas disciplinas, pero no es menos cierto que en otras –como el turco, el vasco, el chino– la distinción resultaría mucho más problemática[52]. Así, por ejemplo, ya Wilhelm von Humboldt había señalado años atrás que en chino una misma palabra puede ser nombre, adjetivo o verbo en función del lugar que ocupe dentro de la oración[53].

on...?» en M. Lejeune, *Actes...*, pp. 20-21) [«K. destaca igualmente el hecho de que la morfología está subordinada a la sintaxis, toda vez que las partes principales del lenguaje (el sustantivo, el adjetivo, el verbo, el adverbio) deducen su contenido semántico de su empleo sintáctico. La sintaxis que trata de la realidad lingüística es un presupuesto de la morfología. Es una ciencia que se ocupa de las oposiciones (de las relaciones) que existen entre las palabras en tanto que miembros de una estructura (proposición, grupo de palabras). La tarea de la morfología es "establecer las oposiciones (las relaciones) existentes bien entre las palabras en tanto que miembros de una clase definida por la función sintáctica primaria de sus miembros (sustantivos, adjetivos, etc.) bien entre las clases mismas"»].

52. «Le Cercle Linguistique de Prague souligne la grande différence dans les rapports entre la morphologie et la syntaxe dans les divers types de langues. Les langues indo-européennes, qui ont gardé la vieille structure, présentent une différence tranchée entre la morphologie et la syntaxe, tandis que, dans les langues comme le turc ou le basque, cette différence est moins nette et, dans le type linguistique représenté par le chinois, elle disparît presque entièrement. Il en est ainsi si nous ne considerons pas la dérivation et l'onomatologie comme parties de la morphologies. Si nous les y comprenons, il faut admettre que la différence entre la morphologie et la syntaxe est universelle». (*Apud* B. Trnka, «Peut-on...?» en M. Lejeune, *Actes...*, p. 24) [«El Círculo Lingüístico de Praga destaca la gran diferencia en las relaciones entre la morfología y la sintaxis en los distintos tipos de lenguas. Las lenguas indoeuropeas, que han mantenido la antigua estructura, presentan una diferencia clara entre la morfología y la sintaxis, mientras que, en lenguas como el turco o el vasco, esta diferencia es menos neta y, en el tipo lingüístico representado por el chino, desaparece casi por completo. Esto es así si no consideramos la derivación y la lexicología como partes de la morfología. Si así lo hiciésemos, habría que admitir que la diferencia entre la morfología y la sintaxis es universal»].

53. «Si he logrado construirme una idea acertada de la lengua china, podemos partir, a la hora de establecer un juicio sobre esta lengua, de los siguientes fenómenos:

1. La lengua china nunca marca ni la categoría gramatical a la que pertenecen las palabras, ni su valor gramatical en general (...) El cambio de acentuación en los nombres que pueden funcionar como verbos, y en algunos compuestos, especialmente aquellos en los que la terminación *tseù* los identifica, a primera vista, como sustantivos, son la única excepción a esta regla general (...).

3. Así pues, el valor gramatical sólo puede reconocerse a partir de la propia estructura de la frase (...).

Con todo, en este congreso parece iniciarse una tendencia favorable a mantener la distinción tradicional. Tendencia que se acentúa en el Segundo Congreso de Lingüistas de Londres. En él, se utilizan los términos Morfología y Sintaxis sin provocar ningún tipo de polémica.

Según señala el profesor Matthews, a partir de 1950 comienza un desinterés creciente por los estudios morfológicos. Ese desinterés tiene como contrapartida una atención preferente hacia los problemas de la Sintaxis (pensemos en los trabajos de Tesnière, en la Tagmémica de Pike y, sobre todo, en la irrupción de los estudios generativistas)[54]. Este hecho produjo el que en la

---

La *lengua china* renuncia a la distinción precisa y minuciosa de las categorías gramaticales, dispone las palabras de las frases según el orden menos limitado de la determinación de las ideas, y concede a los períodos una estructura a la que ese sistema es aplicable [W. von HUMBOLDT (1906), «Carta a Abel Remusat sobre las formas gramaticales» –trad. de A. Miranda Poza– en A. ALONSO-CORTÉS (ed.) (1989), *Lecturas de Lingüística,* Cátedra, Madrid, pp. 77-95. Las citas corresponden a las pp. 79-80)].

54. «Nevertheless, interest has undoubtedly slackened since the mid 1950s. In part this is for a very laudable reason. If the 1930s were for structural linguistics above all a decade of phonology, and the 1940s and early 1950s a period of apparently progress in morphology, the 1960s in particular have been a decade of syntax. The main inspiration has come from Chomsky's brilliantly original *Syntactic Structures,* a work which at the end of the 1950s seemed to open quite new fields to structural analysis. But at the same time other groups of linguistics also made important contributions to syntactic theory. In France, Tesnière's *Eléments* was published posthumously in 1959. Again in North America, the tagmemic theory of Pike and his disciples bore fruit in numerous monographs and articles from 1960 onwards. In Britain, Halliday's "Scale and Category" theory (itself very similar to Pike's in many of its basic insights) received its firts exposition in 1961. In the wake of this interest in syntax, the latter part of the decade also saw a fashionable if perhaps (so far) less profitable concentration on semantics. The study of meaning above all had been neglected in the inmediate post-war period. As these trends developed, it is not surprising that morphology attracted less attention» [«Ello no ha sido óbice para que, a partir de los años cincuenta, se haya aminorado el interés por la disciplina; en parte, por motivos muy encomiables. Si los años treinta fueron para la lingüística estructural una década eminentemente fonológica, los años cuarenta y comienzo de los cincuenta forma un período de progreso aparentemente paralelo en morfología, siendo los años sesenta la década de la sintaxis. La principal inspiración deriva del libro de Chomsky: *Syntactic Structures,* obra de una brillante originalidad que al final de los años cincuenta parecía abrir campos inexplorados en el análisis estructural, aunque también otros grupos de lingüistas hicieron al mismo tiempo aportaciones a la teoría sintáctica. En Francia, los *Eléments* de Tesnière aparecían postumamente en 1959. De nuevo en los EEUU, la teoría

mayoría de los lingüistas contemporáneos no exista una especial preocupación por situar los límites entre ambas disciplinas. Así, por ejemplo, L. Bloomfield acepta sin mayor discusión la existencia de los dos componentes de la Gramática: «la división tradicional está justificada»[55].

Recientemente y en nuestro entorno, I. Bosque proponía hasta seis criterios para comparar las unidades morfológicas y las sintácticas. Aunque algunos de ellos parecían delimitar con claridad ambos dominios, no era difícil comprobar que otros no sólo no ayudaban a establecer la distinción, sino que invitaban a ponerla en entredicho. De ellos, entresacamos los siguientes:

i) *cohesión:* para las lenguas que poseen pronombres clíticos, como el español, el criterio de separabilidad es, si no problemático, sí paradójico. Si comparamos las unidades *Diómelo* y *Me lo dio* observaremos que estamos ante dos oraciones que constan de los mismos elementos y expresan el mismo significado, pero una de ellas es una palabra al mismo tiempo que una ora-

---

tagmémica de Pike y sus discípulos resultaba fructífera en numerosos artículos y monografías aparecidos a partir de 1960. En Gran Bretaña, la teoría de Halliday de "Escala y Categoría" (muy semejante a la de Pike en muchos de sus supuestos básicos) aparece formulada por primera vez en 1961. Con el despertar de este interés por la sintaxis, se observa en la segunda mitad de la década una concentración novedosa, aunque quizá menos provechosa hasta la fecha, en el terreno semántico. El estudio del significado había sido relegado en el período inmediato a la Segunda Guerra Mundial. A medida que estas tendencias se abrían cauce, no sorprende que la morfología atrajese menos atención»] (P. H. MATTHEWS, *Morphology*, p. 4. La trad. esp., *Morfología...*, pp. 16-17).

55. Leonard BLOOMFIELD (1933), *Language*, Henry Holt and Company, New York. «Traditionally, the grammar of most languages is discussed under two heads, *syntax* and *morphology* (...) Nevertheless, the traditional division is justified» (p. 184) [«tradicionalmente, la gramática de la mayor parte de las lenguas está sustentada sobre dos pilares: *sintaxis* y *morfología* (...) Con todo, la división tradicional está justificada»]. No es otra la conclusión a la que llegaba José Joaquín Montes en un breve artículo que pretendía establecer el estado de la cuestión sobre esta misma materia: «Debemos, pues, concluir que la división tradicional de la gramática está justificada y debe mantenerse corrigiéndola en algunos aspectos y enriqueciéndola con algunos conceptos nuevos, como lo dice H. Meier: "Parece-nos que o fim da linguística deve ser salvar os dois pontos de vista [el formal y el psicológico-funcional] justificados em si e enriquecê-los mùtuamente, em lugar de os prejudicar com polémicas ou confusões"» (*Apud* José Joaquín MONTES (1963), «Sobre la división de la Gramática en Morfología y Sintaxis», *Thesavrvs. Boletín del Instituto Caro y Cuervo*, XVIII, 3, pp. 679-685. La cita corresponde a la p. 683).

ción. ¿Debemos decir que el análisis de la primera unidad corresponde a la Morfología y el de la segunda a la Sintaxis? Dicha separación nos muestra que dentro de la palabra pueden establecerse relaciones no ya similares a las sintácticas, sino plenamente sintácticas.

ii) *ordenación interna:* no es caprichoso el orden en el que dentro de la estructura de la oración aparecen las diversas clases de palabras. Este orden responde a una razón funcional (sintaxis). Son muchas las lenguas en que la función de una unidad lingüística va determinada por la posición que ocupa en la oración. Sin embargo, es también frecuente que, como ocurre en la nuestra, algunas unidades presenten cierta libertad posicional. Ahora bien, en Morfología, cualquier alteración del orden de los morfemas implica el poder llegar a resultados absurdos. Por ejemplo, si en la palabra *des-tornill-ador* se nos ocurre alterar el orden de los morfemas –prefijo y sufijo– el resultado sería absurdo: **tornillo-des-ador, *adortornillodes,* etc. Ello indica que dentro del conjunto de relaciones formales que operan en la palabra, los morfemas se agrupan por clases según el orden en que pueden aparecer. Tomemos, por ejemplo, la palabra *nacionalizable.* Distinguiremos en ella los morfemas siguientes: *nacion-al-iza(r)-ble.* El orden en el que aparecen es el único posible, ya que está determinado por la clase léxica a la que pertenecen: *-al,* deriva adjetivos a partir de nombres; *-iza(r),* forma verbos a partir de adjetivos; *-ble,* deriva adjetivos a partir de verbos. No puede aparecer un morfema si antes no se dan los requisitos a los que aludimos.

iii) *aislabilidad:* este criterio se debe a la lingüística norteamericana, y se revela como válido tanto para la Sintaxis como para la Morfología. Bloomfield lo utilizó para delimitar el concepto de *palabra.* La *palabra* es un elemento formal que conlleva determinado o determinados significado(s) y que, a su vez, desempeña un determinado empleo gramatical. Pues bien, a partir de Bloomfield, se considera palabra a toda unidad que supone una mínima forma libre (frente a las ligadas, que no pueden aparecer aisladamente). Ocurre que el presente criterio de aislabilidad no es válido, toda vez que no es difícil encontrar situaciones en las que un morfema puede cumplir la misma función tanto en posición libre como ligada: *¿El Papa es preconciliar o postconciliar?* Respuesta: *Pre.*

iv) *productividad:* las unidades lingüísticas no se agrupan al azar. Responden a una serie de esquemas formales determinados, a un determinado sistema; responden, en fin, a aspectos valorativos (socio-culturales) de las lenguas. La productividad es la medida de la capacidad de esos esquemas para producir un mayor o menor número de unidades. Lo que nos interesa aquí es subrayar que no se trata de un concepto válido exclusivamente para la Morfología, sino que también puede aplicarse a la Sintaxis. Podríamos afirmar, por tanto, que la construcción *N de N* es muy productiva en español, frente a *De + N + en + Adv* que sólo cumple en nuestra lengua una secuencia: *De vez en cuando.*

v) *recursividad:* es frecuente encontrar en la Sintaxis de una lengua unidades léxicas repetidas. Dicha repetición tiene valor funcional, aunque sea muy distinto comparando diversos idiomas. En español, podemos hablar de *una película muy muy buena* (cf. *No engorda nada, nada, nada*) o de un *café café.* Esta repetición (que no hay que confundir con la posibilidad de algunas palabras de funcionar como adjetivo o sustantivo: *una madre muy madre, un torero muy torero*) tiene en nuestra lengua un valor intensivo: *café café* no significa «mucho café», sino «buen café». Exactamente lo contrario ocurre en indonesio. A primera vista, este proceso parece exclusivo de las unidades sintácticas, pero, en realidad, se extiende también a las morfológicas. Así, aunque no es muy común este fenómeno en nuestra lengua, la palabra *tatarabuelo* es un ejemplo en el que la repetición carece de valor intensivo.

«Aunque rápido y demasiado esquemático, el repaso de los criterios anteriores nos revela que son muchos los puntos de contacto entre Morfología y Sintaxis. A la lingüística general le resulta muy difícil establecer una separación tajante sean cuales sean los criterios empleados. Dentro de cada lengua sí parece posible, por el contrario, marcar dicha distinción. No hay que olvidar, sin embargo, que existen lenguas que no distinguen como nosotros la palabra del morfema (el papel de la escritura es fundamental en este punto). Ello no quiere decir que en tales lenguas no tenga sentido oponer Morfología y Sintaxis»[56].

---

56. *Apud* I. Bosque, «La Morfología», pp. 122-128.

Dentro del primer modelo generativo, la Morfología carece de una configuración precisa. Ya hemos comentado cómo, en unos casos, se recurre al término *Morfosintaxis;* en otros, a *Morfofonología.* Otra cuestión que podemos señalar de pasada es el desacertado tratamiento que palabras compuestas y derivadas recibían en el modelo transformacional: ambas eran consideradas como resultados superficiales de bases oracionales a través de complejos procedimientos transformacionales. Así:

arma anticarro

provendría de una oración de base del tipo

arma que se emplea contra los carros

Esta hipótesis fue tempranamente rechazada. Una morfología de este tipo no conduciría a nada positivo, pues exigiría prácticamente una regla particular para cada palabra, con lo que el mecanismo del componente gramatical se recargaría innecesariamente[57].

---

57. «Siguiendo los postulados de la teoría sintáctica postchomskiana, los procedimientos implicados en la formación de palabras se concibieron como análogos a aquellos implicados en la formación de nuevas oraciones. La forma de las palabras complejas se analizaba como si respondiera a una estructura sintáctica, considerando tan sólo el derivado o el compuesto como una mera representación superficial de ella, una especie de abreviamiento de carácter gráfico. A partir de aquí, los lingüistas aplicaron con gran entusiasmo el análisis transformacional al léxico en un intento de explicar la formación de palabras a partir de alguna suerte de base lógica (...). En español, este fenómeno puede ejemplificarse como sigue, siendo a) = lexema derivativo y b) = estructura sintáctica subyacente:

a)	portaaviones	b)	el barco transporta aviones
	antenista		el hombre instala antenas
	la destrucción de la ciudad		se destruye la ciudad
	la fragilidad del vidrio		el vidrio es muy frágil

En términos de generativismo transformacional, estas formas representan las manifestaciones superficiales de trasposiciones que parten desde el verbo hacia estructuras de carácter nominal. Este enfoque puede resultar engañoso, porque analiza todos los elementos en términos de estructura profunda y, además, manifiesta una tendencia a destacar las relaciones oracionales entre verbo y nombre que fascinaron a los lingüistas postchomskianos. Por ejemplo, suele no reparar en otros tipos de relaciones sintácticas que se dan en la formación de palabras, tales como las estructuras nombre-nombre (*antenista*) o adjetivo-nombre (*fragilidad*) y adolece de una insuficiente consideración del componente semántico, que caracteriza muchas derivaciones, como se (de)muestra en los siguientes ejemplos:

No obstante, los últimos quince años de investigación dentro de la tradición generativa han visto cómo se ponían las bases y se desarrollaban los principios de una nueva teoría morfológica. Desde los trabajos iniciales de Halle, Jackendoff y, en especial, Aronoff, la discusión y los avances en este tradicional dominio han sido profundos y reveladores[58]. Se ha trabajado en la elaboración de modelos morfológicos alternativos a los que caracterizaron el período lingüístico estructural de los años cincuenta. Frente a una concepción descriptiva, basada en el morfema y sus posibilidades combinatorias –planteamiento caracterizado generalmente como «Item and Arrangement» (IA)–, se ha abierto paso una nueva Morfología preocupada por describir la capacidad de los hablantes para construir palabras complejas y reconocer su estructura interna, así como las relaciones formales que las ligan a otras palabras.

Dentro de la línea de investigación de mayor trascendencia dentro de este nuevo planteamiento, esto es, la fijada a partir de Aronoff, se defiende la presencia dentro del Léxico de un *componente morfológico autónomo en la Gramática*. Al modo de las reglas sintácticas y fonológicas, existen las llamadas Reglas de Formación de Palabras (RFPs), operaciones responsables de la formación de palabras complejas. Las unidades sobre las que actúan las RFPs son las palabras: por consiguiente, en esta concepción morfológica, el morfema es un elemento que forma parte de la RFP que lo adjunta a una palabra, junto a todo un conjunto de especificaciones propias de esa regla, pero no una unidad con entidad propia. Nos situamos, en definitiva, en una perspectiva contraria a la anterior, en modelos de tipo «Item and Process» (IP) siguiendo la denominación clásica.

chupalámparas = *persona o aparato que chupa lámparas
burlete = *una burla que es pequeña
caradura = *una cara que es dura
madreselva = *una madre de la selva, que habita la selva» [*Apud* M. F. LANG, *Formación de palabras...*, pp. 15-16].

58. Morris HALLE (1973), «Prolegomena to a Theory of Word Formation», en *Linguistic Inquiry,* 4, pp. 3-16. R. JACKENDOFF (1975), «Morphological and Semantic Regularities in the Lexicon», en *Language,* 51, pp. 474-498. M. ARONOFF (1976), *Word Formation in Generative Grammar,* M.I.T., Cambridge, Mas.

1.2.4. *Relaciones entre Morfología y Semántica*

Una de las tareas fundamentales de cualquier disciplina es aislar las unidades con las que opera. Los morfemas (a través de su realización, los morfos) son las unidades a partir de las cuales se construyen las palabras, unidades que los integran. La palabra es unidad de la que también se obtienen otras palabras. La construcción de palabras y la integración de morfemas es un proceso combinatorio sometido a ciertas leyes o reglas que el lingüista debe explicitar. Porque, no todo morfema puede combinarse con cualquier otro. En este sentido, la palabra derivada o compuesta tiene una estructura interna. La mera catena (concatenación) de morfemas no resulta en una ampliación de la palabra. La simple separación mediante guiones no es, por tanto, suficiente para dar cuenta de los rasgos fundamentales de la palabra: la existencia de una *estructura interna*. Al combinar un nombre con un afijo del tipo *-oso* obtendremos un adjetivo. Éste puede combinarse, a su vez, con el afijo *-mente*. Por tanto, *-mente* se añade a una nueva categoría y no a la primera palabra, que era un nombre sustantivo. Esto quiere decir que *derivación* y *composición* (también *flexión*) crean estructura, que existen constituyentes que se componen *jerárquicamente*: $[[[li(o)]_N$ -osa$]_{Adj}$ -mente$]_{Adv}$. Del mismo modo, en el adjetivo *nacionalizable* reconocemos una base léxica nominal *nación* y una serie de afijos (*-al, -iza(r), -ble*) que se adjunta a dicha base de forma ordenada. El sufijo *-ble* no se adjunta al sustantivo *nación*, sino al verbo *nacionalizar,* y el sufijo *-izar* se aplica al adjetivo *nacional:* $[[[nacion]_N$ -al$]_{Adj}$ -iza(r)$]_V$ -ble$]_{Adj}$. La lingüística distribucional utiliza el procedimiento formal de los constituyentes inmediatos para representar gráficamente, tanto en la Morfología como en la Sintaxis, que existen una serie de relaciones binarias encadenadas cuya articulación desempeña un papel muy importante en la configuración formal de la lengua. Con todo, la segmentación no siempre es tan sencilla como las que acabamos de establecer. En no pocos casos, como señala oportunamente S. Varela, «la interpretación semántica es la que nos guía en el establecimiento de la correcta estructura de una palabra compleja»[59]. Por

---

59. Vid. S. Varela Ortega, *Fundamentos...,* p. 54. También pueden consultarse los trabajos de I. Bosque, «La Morfología», pp. 130-132 y A. Alonso-Cortés, *Lingüística General,* pp. 147-152.

ejemplo, el análisis tradicional de *ilegalizar* se reducía a aislar unidades: *i-legal-izar;* sin embargo, esta segmentación no explicaba por qué *ilegalizar* significa «hacer que se tenga por ilegal algo que realmente era legal o creía serlo» y no «no hacer legal algo que ni es legal ni deja de serlo en la actualidad». Estas dos posibles interpretaciones semánticas (de las que sólo una es válida) responden, en realidad, a dos posibles segmentaciones distintas que admite la forma *ilegalizar:* i. $[[i-[legal]_{Adj}]_{Adj}$ -izar$]_V$; ii.*$[i-[[legal]_{Adj}$ -izar$]_V]_V$. No siempre una o varias de las posibles segmentaciones están proscritas. Así, en *inmovilizable* pueden proponerse hasta tres segmentaciones válidas que corresponden a tres significados distintos:

   i. $[[[in-[movil]_{Adj}]_{Adj}-iza(r)]_V-ble]_{Adj}$ = «que puede hacerse inmóvil»

  ii. $[[in-[movil]_{Adj}-iza(r)]_V-ble]_{Adj}$ = «que puede ser inmovilizado»

 iii. $[in-[[[movil]_{Adj}-iza(r)]_V-ble]_{Adj}]_{Adj}$ = «que no puede ser movilizado»[60].

1.3. CONCLUSIONES: HACIA UN ESTUDIO DE LA FORMACIÓN DE PALABRAS EN ESPAÑOL

A la vista de estas consideraciones históricas, somos conscientes de que el estudio que emprendemos participa de distintos niveles de análisis. No obstante, intentaremos esbozar un principio de solución porque, como señala I. Bosque, «es indudable que la Lexicología, la Sintaxis y la Morfología mantienen importantes conexiones entre sí, como existen entre prácticamente todos los dominios lingüísticos, pero, al menos en principio, es importante separar sus respectivos cometidos»[61].

En este sentido, el ámbito de la *Morfología* estaría vinculado al concepto de *gramaticalización.* Cada lengua posee procedimientos diferentes para *gramaticalizar* significados léxicos. Una vez gramaticalizados, las unidades –morfemas– que representan tales significados pasan a formar parte de un paradigma, más amplio en unas lenguas y más reducido en otras, pero, en cualquier

---

60. S. VARELA ORTEGA, *Fundamentos...*, p. 55. Cf. I. BOSQUE, «La Morfología», p. 131, que propone tan sólo dos significados –por tanto, dos segmentaciones– para la misma palabra.

61. I. BOSQUE, «La Morfología», p. 116.

caso, limitado o finito, a diferencia de lo que ocurre con las unidades léxicas[62]. Las operaciones en virtud de las cuales se amplía el número de las unidades léxicas existentes en una lengua, y que son susceptibles de formalización constituyen los procedimientos de formación de palabras que deben incluirse en el apartado dedicado a la *Morfología léxica*[63]. A su vez, dejaríamos de considerar en este trabajo el apartado dedicado a la *Morfología flexiva* por tres razones: i) Por estar más vinculada al componente sintáctico (fenómenos de concordancia); ii) Porque no da lugar a nuevas palabras, sino a distintas formas de una misma palabra –y, en este sentido, no constituiría un procedimiento de creación de (nuevas) palabras–; iii) Porque los significados que recubren los *morfemas flexivos* son de carácter *gramatical,* no *léxico*[64].

Pero, además, las unidades léxicas *(palabras, lexemas, morfemas léxicos)* participan de otro nivel de análisis –el *semántico* o *léxico-semántico*–. No se

62. «En castellano no existe una unidad gramatical para el concepto "intención" (sí, en cambio, en esquimal), ni para indicar que un objeto es redondo (sí, en cambio, en navajo), ni con el sentido de "estación o época" (sí, en cambio, en vasco) o para significar "flexibilidad" (sí, en cambio, en cheroqui). Por el contrario, contamos con unidades gramaticales que expresan "tamaño" –no forma– (cas-*ita*), "golpe" (martill-*azo*), "repetición" (*re*-elegir), "árbol" (melocoton-*ero*) y "establecimiento" (lech-*ería*). Estas unidades son *morfemas* (de hecho, morfemas derivativos) y poseen un valor *gramatical,* aunque las entidades que designan, que aparecen también en la lengua como unidades léxicas, no se corresponden con los conceptos que establecen relaciones puramente gramaticales (tiempo, género, número), que llamamos morfemas flexivos» (I. BOSQUE, «La Morfología», p. 118).

63. «¿Quiere esto decir que en lo que respecta al léxico derivado, una de las partes fundamentales de la Morfología, no es posible "hacer ciencia", que no es posible lograr algún tipo de sistematización o formalización? Nos parece que, si bien el panorama descrito más arriba es el que se ofrece a primera vista, no es cierto que los procesos derivativos escapen a algún tipo de sistematización» (S. VARELA, *Fundamentos...,* p. 13).

64. Ahora bien, como muy bien se ha señalado, no siempre es fácil –y acertado– establecer una frontera nítida entre significado léxico y significado gramatical: «Junto al significado de los lexemas se nos presenta el de los gramemas o morfemas gramaticales ligados, como género, número, modo, etc. No hay diferencias sustanciales entre uno y otro significado. Los significados gramaticales no difieren de los lexicales más que en la forma que adoptan en el sistema. Unas lenguas pueden expresar gramaticalmente lo que otras lo hacen lexicalmente. El quechua (lengua hablada en Perú) forma el plural de algunas palabras repitiendo el lexema, como "llama, llama", "llamas"; el latín lo hace con la flexión "homines"» (A. ALONSO-CORTÉS, *Lingüística General,* p. 80).

trata, pues, de determinar las unidades morfológicas, de estudiar cómo se disponen constituyendo unidades de otro orden, sino de cuestiones de significado. Considerar, por ejemplo, cómo a través de la adquisición de términos provenientes de otras lenguas se modifican las relaciones significativas entre los lexemas previamente existentes en una lengua dada o –incluso– cómo este tipo de fenómenos u otros de índole fónica dan lugar a la modificación de palabras –no ya en el plano formal, sino en el del contenido–.

Esto no hace sino confirmar el hecho de que los diferentes niveles de análisis lingüístico están relacionados entre sí. Pero, como recoge A. Alonso-Cortés, cabe pensar que el carácter de tales interrelaciones responde a un gráfico como el que sigue:

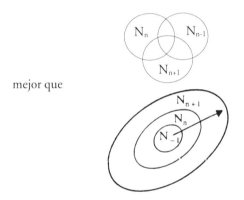

mejor que

El último de los esquemas propuestos –círculos incrustados unos en otros– implica una visión de una totalidad emergente en la que cada nivel está integrado en el próximo superior y así sucesivamente. Es el modelo que proponía la lingüística estructural y supone una relación constructiva entre ellos. El fonema construye el morfema, éste la frase y ésta el discurso[65]. Una organización tal no explicaría fenómenos como la ambigüedad sintáctica, por ejemplo. Por contra, una imagen de la relación entre niveles mediante círculos concéntricos que se intersecan podría dar lugar a una interpretación de

---

65. Cf. Z. HARRIS (1951), *Structural Linguistics,* The University of Chicago Press.

«niveles *poistem*»[66] (de *poiótes* cualidad, y *sistema*), esto es, *cualisistemas*[67]. Los cualisistemas tienen las siguientes propiedades:

a) Toda cualidad (propiedad) pertenece al menos a un cualisistema, Q_i.

b) Algunas cualidades están relacionadas: $Q_i \ R \ Q_k$.

c) Los cualisistemas se solapan: $N_n \cap N_{n-1} \cap N_{n+1} \neq \varnothing$

En virtud de estas consideraciones, el libro que presentamos va a constar de dos partes fundamentales que vertebran su contenido:

1) Una, dedicada a aspectos referentes a la formación de palabras susceptibles de formalización gramatical: *Morfología léxica.* En este apartado incluiremos: *derivación, derivación regresiva, conversión categorial, incorporación nominal, composición, combinación* [ingl. *blending*].

2) Otra, dedicada al resto de procedimientos de creación de nuevas palabras que, por su naturaleza, escaparían, en principio, a una teoría morfológica: *acronimia, creación mediante siglas, acortamiento* [ingl. *clipping*], *préstamos.* Es decir, aspectos que muy bien podrían responder a un encabezamiento genérico del tipo *Lexicología.*

* * *

A pesar de la complejidad que presenta el contenido del libro, y de la que las páginas precedentes no constituyen más que un breve resumen, no debemos olvidar los fines específicos del presente trabajo en función de la colección de la que forma parte y de los primeros destinatarios del mismo. Como no hemos pretendido en ningún momento sustraernos a las diferentes aportaciones que la ciencia lingüística moderna presenta, proponemos dos niveles de lectura. El primer nivel se situaría en una lectura lineal de la obra, sin detenerse en la «letra pequeña», esto es, sin tener en cuenta la discusión que se propone en no pocos casos en las notas que figuran a pie de página, y que, en

---

66. Cf. M. BUNGUE (1960), «Levels: A Semantical Preliminary», en *The Review of Metaphysycs,* 8. Del mismo autor (1968) «La metafísica, epistemología y metodología de los niveles», en Lancelot LAW WHYTE; G. WILSON y Donna WILSON, *Las estructuras jerárquicas,* Alianza Editorial, Madrid.

67. A. ALONSO-CORTÉS, *Lingüística General,* pp. 78-79.

4

ocasiones, da lugar a una contrastación de los datos ofrecidos, en otras ofrece una ampliación de los mismos. El segundo nivel de aprovechamiento, para lectores con un grado más elevado de conocimientos en la materia, incluye la consideración de dichas notas.

Con la salvedad que acabamos de señalar, hemos respetado la estructura de los diferentes textos que forman parte de esta colección. En un primer momento, el contenido está dedicado a la exposición sistemática de los diversos aspectos que constituyen la creatividad léxica en español, para, en segundo lugar, aplicar los principios expuestos en la primera parte a través de la propuesta de ejercicios que los lectores (estudiantes) puedan poner en práctica en sus clases. En este sentido, no debe olvidarse el papel fundamental que los ejercicios prácticos desempeñan en el estudio lingüístico. El estudio del lenguaje exige una práctica con ejercicios y problemas que revelen al estudiante los planteamientos y dificultades de las teorías y técnicas que se exponen. Como no hace mucho recordaba A. Alonso-Cortés en el prólogo a una edición de un libro de problemas, «saber las reglas del ajedrez y su evolución histórica no acredita a nadie como jugador. Con sólo esto no podríamos jugar al ajedrez. De la misma manera, no podremos jugar al «juego de la lingüística» (...) si nos quedamos en la mera información de teorías, opiniones y ocurrencias que circulan por nuestras aulas»[68].

---

68. Cf. M. HALLE y G. N. CLEMENTS, *Problemas de Fonología,* ed. de A. Alonso Cortés, p. xi.

PRIMERA PARTE:
MORFOLOGÍA LÉXICA

2. Procesos de formación de palabras en morfología léxica

2.1. CONSIDERACIONES GENERALES

Una vez discutidos y establecidos los límites de los contenidos que nos hemos marcado para realización del presente trabajo, se hace necesario indicar que en la teoría lingüística no sólo existen problemas en lo referente a la denominación genérica de los procedimientos que forman parte del estudio que ahora emprendemos. Junto a éstos, debemos señalar cómo tampoco existe unanimidad a la hora de designar e incluso definir los contenidos correspondientes a los distintos procesos de formación de palabras. Como señala el profesor Lázaro Mora:

> «Las denominaciones y definiciones de los procesos de formación de palabras son muy variadas según los distintos métodos lingüísticos y, aun en el seno de cada uno de éstos, según los investigadores. Resulta difícil encontrar un acuerdo general, una opinión ampliamente compartida, que permita movernos con una cierta seguridad teórica en estas cuestiones. Ello no sólo entorpece las indagaciones del morfólogo, ya que desde el inicio se topa con dudas de carácter terminológico, sino también la tarea del profesor al observar el desconsuelo y pesadumbre que se abate sobre el alumnado, cuando se intentan desenredar las muchas opiniones contrarias, o sólo con matices diferenciadores, que atañen a dichos procesos»[1].

2.2. DERIVACIÓN, PREFIJACIÓN, SUFIJACIÓN

Con todo, parece existir cierta unanimidad al señalar como procedimientos fundamentales en Morfología léxica la derivación y la composi-

---

1. Fernando A. LÁZARO MORA (1986), «Sobre la parasíntesis en español», en *DICENDA. Cuadernos de Filología Hispánica,* 5, Ed. de la Universidad Complutense, Madrid, pp. 221-235 (La cita corresponde a la p. 221).

ción[2]. Pero no faltan quienes reagrupan esos dos procesos bajo un término común, por ejemplo, André Martinet, cuando propone la existencia de la *synthématique:*

«Parmi les synthèmes, on trouve des *derivés* comme *boutiquier* où un des éléments, ici *-ier,* n'apparaît que dans les complexes de cette nature... On trouve d'autre part des *composés* (...) où chaque élément composant peut figurer ailleurs que dans un synthème. Le processus de formation s'appelle la composition»[3].

Tampoco faltan quienes, manteniendo la existencia de dos inventarios, consideran que en ningún caso cabe hablar de derivación mediante prefijos[4].

2. Ésa es la postura que defiende el propio LÁZARO MORA, «Sobre la...», o la ya citada S. VARELA, *Fundamentos...,* pp. 80-92 y 97-119; M. F. LANG, *Formación...,* habla en general de «Morfología léxica descriptiva del español», dedicando un capítulo a cada uno de los siguientes procesos: composición, sufijación apreciativa, sufijación no apreciativa, prefijación y procedimientos misceláneos; Jean MOLINO (1985), «Où en est la Morphologie?», en *Langages,* 78, pp. 5-40, habla de *la composition* y *l'affixation* (derivación) en el apartado titulado *Relations et processus morphologiques.* P. H. MATTHEWS, *Morfología...,* habla de *afijación* (derivación), que engloba prefijación, sufijación e infijación y *composición* (frente a *flexión*). En nuestro ámbito, podemos citar la propuesta de Emilio ALARCOS LLORACH (1983), «Consideraciones sobre la formación léxica», en *Serta Philologica Fernando Lázaro Carreter, I. Estudios de Lingüística y Lengua literaria,* Cátedra, Madrid, pp. 11-21: «Lo que sí es importante desde el punto de vista funcional es el comportamiento de los lexemas presentes en el sintagma compuesto. Debe, pues, conservarse la distinción entre "derivados" y "compuestos", puesto que en el primer tipo uno de los lexemas presentes exige la presencia del otro (no es "liberable", según la expresión de Martinet), mientras en el segundo tipo los dos lexemas son susceptibles de aparecer independientemente constituyendo sintagmas» (La cita corresponde a la p. 12).

3. André MARTINET (1979), *Grammaire fonctionnelle du français,* Didier, Paris, pp. 19-20 [«Entre los sintemas, se encuentran los *derivados,* como *boutiquier (boticario),* en los que uno de los elementos, aquí *-ier* (*-ario*), sólo aparece en las construcciones de semejante naturaleza... Por otro lado, se hallan los *compuestos* (...) en los que cada elemento que entra en composición puede aparecer también independientemente fuera del sintema. El procedimiento de formación se denomina composición»].

4. La doctrina académica –*Gramática* (1931) y *Esbozo* (1973)– agrupa dentro de la *composición* a las formas prefijadas y a las compuestas por dos lexemas independientes, reservando el término *derivación* para el procedimiento de formación de palabras a través de sufijos:

«Consiste la *derivación* en formar palabras nuevas por medio de sufijos que se añaden al radical de un vocablo que tiene existencia independiente en la lengua; como *fabulista,* de *fábula* + *-ista*» (*Gramática,* §177a).

En efecto, se producen algunas diferencias entre las formas prefijadas y las sufijadas:

1) El prefijo nunca modifica la clase gramatical del radical. El nuevo término posee la misma categoría gramatical de la que procede: $[hacer]_V \rightarrow [des\text{-}[hacer]_V]_V$, $[brazo]_N \rightarrow [ante\text{-}[brazo]_N]_N$. Por el contrario, el sufijo normalmente impone su clase al radical: $[correr]_V \rightarrow [[corre(r)]_V\text{-}dor]_N$, $[malvada]_{Adj} \rightarrow [[malvada]_{Adj}\text{-}mente]_{Adv}$, $[origen]_N \rightarrow [[orig(e/i)n]_N\text{-}al]_{Adj} \rightarrow [[[orig(e/i)n]_N\text{-}al]_{Adj}\text{-}idad]_N$. Además, el sufijo puede variar el género del lexema al que se adjunta: *la casa → el caserón.*

2) El prefijo, en ocasiones, puede constituir una pieza léxica, esto es, puede convertirse en una entrada de diccionario (lematización/lexicalización) y, por ello, puede aparecer de manera independiente: *hiper, ultra, auto, moto*[5].

Con todo, se hace necesario señalar que el estatuto de algunos elementos prefijales resulta difícil de determinar[6]. Y esto es así porque en no pocas ocasiones el trasiego de forma prefijal a forma léxica puede ser inverso (especialmente si acudimos a formas que eran palabras plenas en las lenguas clásicas). Esto ha conducido a proponer para determinadas formas prefijales denominaciones diferentes: *palabras-prefijos* (M. Gaillot), *elementos prefijales y sufijales* (R. Martín), *elementos semi-autónomos* (B. Pottier), *elementos con tendencia*

«Los morfemas que ocupan el último o los últimos lugares en las palabras (...) se distribuyen en dos grupos: los morfemas derivativos, llamados también sufijos, y los morfemas flexivos, llamados también desinencias» (*Esbozo*, §2.1.2.).

«En contraste con los sufijos, los llamados prefijos no son siempre morfemas trabados» (*Esbozo*, §2.1.4.).

5. Para una visión más completa de este particular fenómeno, consúltese *ut infra* el capítulo dedicado al *acortamiento* [ingl. *clipping*].

6. En efecto, Lázaro Mora considera que formas como *ultra* constituirían ejemplos de «conversión de un prefijo en una pieza léxica», cuando la última edición (21ª) del *Diccionario de la Lengua Española* de la REAL ACADEMIA ESPAÑOLA (1992), recoge *ultra* como adverbio, esto es, pieza léxica independiente, sin referencia a un posible prefijo *ultra-*. Es más, la propia Academia considera que las voces complejas formadas a partir de *ultra* son compuestos: «En composición con algunas voces [significa] más allá de, al otro lado. *ULTRAmar, ULTRApuerto*». Con todo, la Academia no es ajena al valor prefijal que adquiere en determinadas formaciones, pero entendemos que se trata de un valor secundario, pues, en caso contrario, poseería una entrada del tipo *ultra-*, igual que ocurre con otros prefijos: «Antepuesta como partícula inseparable a algunos adjetivos, expresa idea de exceso: *ULTRAfamoso, ULTRAideal*».

55

prefijal (L. Guilbert) o, más recientemente, *prefijoides* (M. Lang)[7]. Este último lo define como el término que se aplica de forma convencional a aquellos elementos constitutivos de palabras, de origen griego o latino, que resultan altamente productivos en el léxico moderno, y que dan lugar a formaciones cuyo estatuto gramatical ha sido objeto de controversia: para unos, se trata de compuestos, mientras que otros señalan que se trata de formaciones sometidas a un proceso de afijación. «Las razones de la controversia se deben a que el primer elemento constituyente parece tener autonomía semántica y sintáctica»[8]. Por ejemplo,en relación con la composición sintagmática tomada de una lengua extranjera (griego, latín, inglés, etc.), los elementos de este tipo de construcción, de acuerdo con determinados requisitos, tienden a desempeñar la función de prefijos en lugar de funcionar como primer elemento del compuesto. Se liberan así del modelo etimológico que les dio nacimiento para pasar a depender del modelo funcional. Mediante este progresivo movimiento pasan a formar un nuevo sistema partiendo de elementos formados por análisis. Una vez, pues, independizados de sus formaciones de origen, se comportan como verdaderos afijos, capaces de unirse a un radical. Se erigen en elementos organizadores de una serie, como por ejemplo *aero-: aerodinámica, aeronáutica, aerostático, aeródromo, aeronavegación,* etc. En ocasiones puede

7. Una discusión más detenida acerca de estos aspectos se encuentra en Vidal ALBA DE DIEGO (1983), «Elementos prefijales y sufijales: ¿derivación o composición?», en *Serta Philologica Fernando Lázaro Carreter, I,* pp. 17-21. Junto a dicho trabajo, referido exclusivamente al español, debemos citar, entre otros, M. GAILLOT (1955), *Essai sur la langue de la réclame contemporaine,* Paris, p. 264; R. MARTÍN (1970), «A propos de la dérivation adjective: Quelques notes sur la définition du suffix», en *Travaux de Linguistique et de Littérature,* VIII, p. 164; B. POTTIER (1970), *Gramática del español,* Ediciones Alacalá, Madrid, p. 30; L. GUILBERT *La formation du vocabulaire de l'aviation,* p. 319.

8. M. F. LANG, *Formación...,* p. 237. No es otro el planteamiento que se desprende de la definición que Giorgio Raimondo Cardona ofrece de dicho término en su *Diccionario* –por más que se hable de prefijo dentro del compuesto–: «Término propuesto por B. Migliorini (en su artículo de 1935, reeditado en *Saggi sulla lingua del Novecento,* Sansoni, Florencia, 1963[3], pp. 9-60) para indicar un elemento que no pertenece al paradigma de los prefijos de la lengua pero que puede ser usado como prefijo en la formación de un compuesto: *auto-, mono-, super-*» (*Apud* G. R. CARDONA, (1988) *Dizionario di Linguistica,* Armando Armando, Roma. Cito por la traducción española de Mª Teresa CABELLO (1991), *Diccionario de Lingüística,* Ariel, Barcelona.

hablarse de la conversión en prefijo de un elemento cuando se da un proceso que implica la formación de tricompuestos donde, al ser el segundo elemento un compuesto, el primero adquiere un mayor grado de caracterización prefijal: *electrocardiografía*, *electrocardiograma*, *electroencefalograma.* Con todo, no queda completamente clara la adscripción de estos complejos a un proceso de composición o de derivación (prefijación). Así, Lázaro Mora señala que formas como *tele-novela* o *hiper-mercado* son «vocablos prefijados semifundidos»[9], mientras que, por ejemplo, Eugenio de Bustos Tovar indica que «nos inclinamos a considerar compuestas plenamente palabras como *televisión, telegrafía, aeropuerto, aeronave*»[10]. Por el contrario, este último considera como derivadas palabras como: *retroceder, anfiteatro, archiduque, archipobre,* etc., por más que Joan Corominas considere compuestas formas como *arquitecto* o *arquetipo*[11].

Frente a este comportamiento, los sufijos siempre son morfemas (entendiendo por tales, elementos que obligatoriamente funcionan ligados a un lexema). Lázaro Mora señala la excepción del sufijo *-ismo,* que ha dado lugar a la creación de *(los) ismos* (si bien, como él mismo advierte, la forma *ismo* no aparece recogida en el *Diccionario* de la Real Academia)[12].

9. F. A. Lázaro Mora, «Sobre la parasíntesis...», p. 225.

10. Eugenio de Bustos Tovar (1966), «Algunas observaciones sobre la palabra compuesta», en *Revista de Filología Española*, XLIX, pp. 255-274 (La cita corresponde a la p. 264).

11. Joan Corominas y José Antonio Pascual (1980-1991), *Diccionario Crítico Etimológico Castellano e Hispánico*, I, Gredos, Madrid. *ARQUETIPO*, «Tomado del lat. *archetypum* y éste del gr. *archétypon* 'modelo original', compuesto de *árchein* 'ser el primero' y *typon* 'tipo'». *ARQUITECTO*, «tomado del lat. *architectus* y éste del gr. *architékton* íd., compuesto de *árchein* 'ser el primero' y *tékton* 'obrero', 'carpintero'».

12. Vid. F. A. Lázaro Mora, «Sobre la parasíntesis...», p. 222. En efecto, hemos de señalar que no sólo en la edición de 1984 –a la que se refiere el profesor Lázaro– sino incluso en la última (1992), figura *-ismo* como afijo, no como elemento independiente: «sufijo de sustantivos que suelen significar doctrinas, sistemas, escuelas o movimientos: socialISMO, platonISMO, impresionISMO; actitudes: egoSMO, individualISMO, puritanISMO; actividades deportivas: atletISMO, alpinISMO. Forma también numerosos términos científicos: tropISMO, astigmatISMO, leISMO». Pero, sin embargo, ya figura como forma léxica plena *-ismo-* en la última edición (1989) del *Diccionario Manual e Ilustrado de la Lengua española,* Espasa-Calpe, Madrid: «tendencia de orientación innovadora, principalmente en las artes, que se opone a lo ya existente. Entre los *ismos* se encuentran el modernismo, dadaísmo, cubismo, etc.». Junto a ella, existe otra entrada

En resumen, los sufijos poseen una mayor capacidad gramatical que los prefijos, pero una menor capacidad léxica. Ante esta situación, cabe preguntarse si la prefijación constituye un proceso de formación de palabras diferenciado o debe incluirse dentro del marco general de la derivación[13]. Ignacio Bosque y José A. Mayoral se inclinan, en función de su ordenación bibliográfica, por la segunda opción[14].

para la forma afijal -ismo: «Elemento compositivo que entra pospuesto en la formación de algunas palabras españolas con el significado de 'doctrina, sistema, modo o partido'». Ahora bien, en la lexicografía paralela (no académica) este fenómeno ya estaba documentado con anterioridad. Así, en el *Vox. Diccionario General Ilustrado de la Lengua Española* (*DGILE*), Nueva redacción dirigida por Manuel ALVAR EZQUERRA (...) basada en la obra del mismo título, revisada en sus sucesivas ediciones (1945, 1953, 1973) por Samuel Gili Gaya, Bibliograf, Barcelona, 1987, se incluye una entrada para *ismo* independiente de la correspondiente al sufijo -*ismo*. En todo caso, no deja de ser un fenómeno todavía ocasional y la diferenciación a la que venimos refiriéndonos puede aceptarse como válida. No obstante, conviene tener presente el trabajo citado anteriormente de Vidal Alba de Diego, pues hace extensible al ámbito de los sufijos lo que hemos dicho referente a los prefijos: junto a las series del tipo *aero-* (*aerosol, aeronavegación*) pueden proponerse series en *metro* de muy variado carácter (prefijal o sufijal, según el caso): *metría, pluviometría, trigonometría, métrico, termómetro, termométrico*, etc.

13. Algunos, incluso, han llegado a plantearse si la prefijación no sería una suerte de composición. En este sentido, el *Esbozo* se inclina por esta teoría: «En contraste con los sufijos, los llamados prefijos no son siempre morfemas trabados. No lo son las preposiciones propias, es decir, las que pueden entrar en la formación del verbo y al mismo tiempo regir nombres o pronombres, como *con*: *con*tribuir y *con él, con tiempo*. Por otra parte, y en contraste también con los sufijos, pueden afectar a varias clases extensas de palabras. Finalmente, los elementos a los que se anteponen no suelen sufrir alteración en su estructura fonológica. Ateniéndonos al método tradicional, consideramos las palabras en que entran tanto preposiciones propias: *contra-hacer, ante-cámara, sin-razón* como impropias: *hiper-democracia* como palabras compuestas» (§2.1.4e). No obstante, todo parece indicar que esta teoría levanta no pocas reticencias entre la crítica especializada: «Son precisamente razones morfológicas, sintácticas, y también semánticas (...) las que determinan nuestro convencimiento de que, en ningún caso, es aconsejable hablar de "composición mediante partículas", como afirmaba Darmesteter, y en nuestros días sigue difundiendo el *Esbozo*, según una rancia tradición que pasa, en nuestro país, por don José Alemany» (*Apud* LÁZARO MORA, «Sobre la parasíntesis...», p. 226).

14. Ignacio BOSQUE y José Antonio MAYORAL (1979), «Formación de palabras. Ensayo bibliográfico», en *Cuadernos Bibliográficos del C.S.I.C.*, nº 38, pp. 245-275.

Con todo, Lázaro Mora no parece decidirse finalmente por una u otra opción:

> «Queda en pie, sin embargo, un obstáculo para adoptar esa postura [considerar la prefijación dentro de la derivación], antes mencionada; que la creación prefijal no provoca metábasis, y se produce de clase a clase: de sustantivo a sustantivo, de verbo a verbo, de adjetivo a adjetivo, de adverbio a adverbio (ejemplo: *proforma, recortar, ilícito, anteayer*). *Podría pensarse, por tanto, sin que se susciten grandes aprensiones, que la prefijación es un método de formación de palabras aparte, en serie con la composición y la derivación, pero con características especiales que le otorgan una identidad propia*»[15].

En Morfología formal, prefijación y sufijación son procesos de afijación incluidos dentro de la derivación[16]: «La derivación por prefijos se lleva a cabo mediante idéntico procedimiento que la derivación por sufijos [estructuras de distinta categoría], con la diferencia de la posición del afijo, a partir de la regla: X → Af Y (Y, puede ser de idéntica categoría a X, lo que refleja el hecho casi general de que la prefijación no cambia la categoría de X: afinar)$_V$ → desafinar)$_V$; poner)$_V$ → contraponer)$_V$; visión)$_N$ → revisión)$_N$; clerical)$_{Adj}$ → anticlerical)$_{Adj}$»[17].

---

15. F. A. Lázaro Mora, «Sobre la parasíntesis...», p. 226 (El subrayado es nuestro).

16. J. Molino, «Où en est...?», p. 22, desde la perspectiva estructural, comparte el criterio que vamos a exponer, aunque el modelo en el que basa sus argumentaciones difiere del que caracteriza a la Morfología formal. De este modo, incluye dentro de la *afijación* los procesos de *prefijación* y *sufijación*, por más que no haga referencia explícita al concepto de *derivación:* «C'est à l'affixation que s'applique le mieux le modèle classique d'analyse structurale, le modèle "Item et Arrangement", puisqu'ici les unités et les opérations correspondent exactement aux principes qui gouvernent le fonctionnement du modèle: il s'agit d'unités segmentales associées à des signifiés spécifiques et combinées linéairement les unes avec les autres. On pourra donc, le seul élément pertinent supplémentaire étant l'ordre, classer les affixes suivant la place qu'ils occupent en préfixes, infixes, suffixes et circumfixes» [«En la afijación es donde mejor se aplica el modelo clásico de análisis estructural, el modelo "Unidad y disposición", puesto que en él, las unidades y las operaciones corresponden exactamente a los principios que gobiernan el funcionamiento del modelo: se trata de unidades segmentales asociadas a significados específicos y combinados linealmente entre sí. Podremos, pues, considerando el orden como el único elemento pertinente suplementario, clasificar los afijos en función del lugar que ocupan en prefijos, infijos, sufijos y circunfijos»].

17. A. Alonso-Cortés, *Lingüística General,* p. 148. No es otro el parecer de S. Varela, *Fundamentos....* En efecto, al caracterizar la derivación, ejemplifica indistintamente con sufijos y prefijos:

Las reglas que especifican o generan la estructura de la palabra tienen la forma:

   i)   PREFIJACIÓN: X → Af Y

   ii) SUFIJACIÓN: X → Y Af

X puede ser de la misma categoría que Y; Y ≠ ∅.

Los diccionarios de lingüística que, al menos teóricamente, deben resumir las distintas perspectivas que se suscitan en torno a los fenómenos lingüísticos, muestran las mismas dudas, cuando no ambigüedades, que hemos venido denunciando al comentar los distintos trabajos especializados que se han dedicado a este tema. Así, Lázaro Carreter sólo reconoce como *derivación* la formación de palabras mediante sufijos. No hace mención explícita a la derivación en la definición de prefijo (mención que sí se realiza cuando define el sufijo):

> «*Derivación.* Procedimiento de formación de una palabra nueva, mediante la adición, supresión o intercambio de sufijos (*bolso-bolsillo, avanzar-avanc(e), portero-portería*). // *Sufijo.* Morfema que, unido a una base en su parte final, forma un derivado: *-ico, -ote, -dor.* // *Prefijo.* Afijo que se añade a una palabra por delante»[18].

Jean Dubois, por su parte, ofrece la siguiente información:

> «*Derivación.* Tomado en sentido amplio, el término de *derivación* puede designar, de forma general, el proceso de formación de las unidades léxicas. En

«La derivación tienen la facultad de relacionar elementos de distintas categorías sintácticas: *V* + -ble → *Adj* (*poni-ble, penetra-ble*) (...). Puede presentar excepciones idiosincrásicas: *in-capaz* = "no capaz" vs. *indispuesto* = "enfermo" (*"no-dispuesto")» (p. 81).

Este mismo análisis es el que describe Eugenio de Bustos Gisbert (1986), *La composición nominal en español,* Ediciones de la Universidad de Salamanca, Salamanca, cuando resume el estado de la cuestión referente a las teorías en torno a la formación de palabras de la siguiente forma:

«Por un lado, para un amplio grupo de investigadores, lo esencial es definir qué son palabras motivadas. Este tipo de análisis se preocupa fundamentalmente de determinar los diversos tipos de motivación y distingue, en general, entre una motivación fónica, otra semántica y otra gramatical. Dentro de esta última, se opone composición a derivación, atendiendo esencialmente a criterios morfosintácticos y sólo en menor medida a criterios estrictamente semánticos que no siempre se corresponden con los resultados que nos proporcionan los anteriores» (p. 9).

18. Fernando Lázaro Carreter (1953), *Diccionario de términos filológicos,* Tercera edición corregida, Gredos, Madrid, 1974.

un empleo más restringido y corriente, el término de *derivación* se opone a *composición* (formación de palabras compuestas) (...) Un derivado se compone de:
– El radical, constituido por un término independiente (*hacer* en *rehacer*) o dependiente (*-fec-* en *refección*).
– Los afijos, elementos adjuntos llamados *prefijos* si preceden al radical (*re-, des-* en *rehacer, deshacer*) o *sufijos* si le siguen (*-oso, -ista, -ero* en *doloroso, chapista, pescadero*). Hay que observar, sin embargo, que los prefijos pueden ser formas con autonomía léxica (*contra,* adverbio y preposición, es un prefijo en *contradecir; bien,* adverbio y sustantivo, es un prefijo en *bienhechor*), mientras que los sufijos no son susceptibles de empleo independiente»[19].

Con la última salvedad –ya comentada– la postura defendida por Dubois es la que nosotros vamos a proponer, dado que se muestra mucho más claramente especificada que en Lázaro Carreter.

Th. Lewandowski, aunque señala algunos problemas para la adscripción de la prefijación y la sufijación a un mismo proceso de formación de palabras *(derivación),* parece finalmente aceptarlo. Con todo, no resulta tan concluyente como Dubois, especialmente cuando se detiene a analizar los dos procesos (prefijación y sufijación) por separado:

«*Derivación.* Proceso de formación de palabras por medio de cambios fonéticos o a través de la adición de sílabas no autónomas, siguiendo modelos de formación de palabras propios de la lengua; palabras que se componen de un morfema libre o léxico y de uno o más morfemas ligados (...). Hay que distinguir la derivación frente a la composición, cuyos miembros todavía constituyen palabras (...). Para muchos investigadores, las palabras formadas con prefijos se sitúan entre la composición y la derivación. Esta opinión parece justificada si se considera como rasgo esencial de la derivación el paso de la palabra derivada a otra clase de palabra; por otra parte, la prefijación y la sufijación pueden ser entendidas como procesos análogos, de modo que se puede definir la derivación como un procedimiento de formación de palabras a base de afijación (...). *En nuevos trabajos se tratan conjuntamente como derivación las formaciones con prefijos y sufijos. // Prefijación.* Proceso de adición por de-

19. Jean DUBOIS *et al.* (1973), *Dictionnaire de Libguistique,* Librairie Larousse, Paris [Cito por la versión española de Inés ORTEGA y Antonio DOMÍNGUEZ bajo la dirección de Alicia YLLERA, *Diccionario de Lingüística,* Alianza Editorial, Madrid, 1983[2].

lante de prefijos a la raíz de las palabras, para formación de palabras o formación de formas flexivas: *pre-decir, vice-presidente, re-hacer. // Sufijación.* Adición de sufijos al tema o la raíz de una palabra, como proceso de formación de palabras o formas»[20].

En último término, y por incluir uno de los últimos vocabularios de lingüística que han aparecido en nuestro ámbito, citaremos la reciente traducción del diccionario de G. R. Cardona, por más que a la hora de definir la *derivación* se muestre confuso –o, cuando menos, poco aclaratorio–:

> «Proceso por el cual en la sincronía de una lengua "se pasa" de una forma a otra (en el caso de que se genere otra) o, en diacronía, de una fase lingüística «se pasa» a una fase sucesiva (...); en el plano de la sincronía son ejemplos de formación postulados por la Gramática GT».

En todo caso, no duda en adscribir prefijación y sufijación a la derivación:

> «*Prefijación.* Proceso de derivación verbal por medio de prefijos que, en general, no altera la clase a la que pertenece la base. // *Sufijación.* El proceso de derivación por medio de sufijos»[21].

En lo sucesivo, y a pesar de las reservas que justamente mantienen investigadores como Lázaro Mora, Lewandowski y otros, adoptaremos la postura que defiende la adscripción de prefijación y sufijación dentro de un mismo tipo de proceso: la derivación.

2.3. COMPOSICIÓN

En lo que parece existir una mayor unanimidad es en la consideración de la *composición* como el otro gran procedimiento de formación de palabras. La

---

20. Theodor LEWANDOWSKI (1986), *Diccionario de Lingüística,* traducción de Mª Luz García-Denche Navarro y Enrique Bernárdez, Cátedra, Madrid.
21. G. R. CARDONA, *Diccionario...*

composición es, como la derivación, un procedimiento léxico de creación de nuevas palabras. Desde el punto de vista formal, difiere, en cambio, de los procesos de afijación, donde se produce la anexión de un elemento no independiente a otro independiente[22]. Es el proceso por el que de dos lexemas se crea uno nuevo. En la composición, a diferencia de la flexión y de la derivación, no intervienen elementos ligados: *matarratas, pelirrojo, aguamar, medianoche,* son ejemplos de compuestos. En ellos intervienen lexemas identificables: *mata, pel(o/i), agua, media.*

M. F. Lang aporta dos criterios para la determinación de la palabra compuesta. El primero, de carácter morfológico:

> «Una estructura compuesta por dos o más palabras unidas gráficamente comporta indiscutiblemente el estatus de compuesto: *vana + gloria → vanagloria; cielo + raso → cielorraso, agrio + dulce → agridulce, en + hora + buena → enhorabuena*»[23].

El segundo criterio consiste en considerar como compuestos todos aquellos sintagmas cuyos constituyentes no están gráficamente unidos, pero que, sin embargo, constituyen una unidad semántica y mantienen relaciones sintácticas semejantes a las que presenta una estructura frástica u oracional: *buque + escuela → buque escuela, contestador + automático → contestador automático, restaurante + espectáculo → restaurante espectáculo.* «El estatus léxico y de compuestos de esta serie de sintagmas puede demostrarse al estudiar sus equivalentes en otras lenguas que, como el inglés, constituyen una unidad ortográfica, aunque en ocasiones puedan presentar una estructura compleja»[24]:

ojo de buey	porthole
huelga patronal	lockout
fecha límite	deadline
llave inglesa	spanner

---

22. «En la composición, se unen o se combinan dos o más formas libres (X°) para constituir una forma compleja la cual, desde el punto de vista significativo, fónico y funcional, representa una unidad léxica de nivel X°» (*Apud* S. VARELA, *Fundamentos...,* p. 97).

23. M. F. LANG, *Formación...,* p. 91.

24. M. F. LANG, *Formación...,* p. 92.

No obstante, la naturaleza puramente lexemática de los elementos que entran en composición ha sido ampliamente discutida. En ocasiones, se defiende –como hemos anunciado– el carácter prefijal o sufijal (ligado) de uno de los elementos constitutivos: *socioeconómico, pluviométrico*.

Otro de los problemas que se debaten en el análisis de los compuestos es la estructura que presenta la unión de los lexemas. La palabra compuesta se asemeja, en ocasiones, a la de una frase. En *bocamanga* es rastreable una frase [*boca de la manga*] con su núcleo y complementos. Se puede aceptar esta teoría, pero lo cierto es que una vez formado el compuesto, el hablante no tiene intuición sobre la existencia de la misma, por lo que no parece del todo aceptable proponer una estructura de frase para el compuesto[25]. Otro origen se halla en la mera yuxtaposición o coordinación: *charla coloquio, cena debate, casa cuartel...* Varias frases podrían subyacer a estos compuestos (charla y coloquio; charla con coloquio; charla que es coloquio, etc.). «Pero esta reconstrucción no es justificable, ya que lo que se explica con una frase subyacente es la semántica del compuesto, no su estructura»[26]. Este mismo rechazo es compartido por E. de Bustos Gisbert:

> «El estudio "sintáctico" de los compuestos tiene sentido dentro de una sistemática de la composición española, pero esas relaciones "sintácticas" se caracterizan: a) por ser mucho más generales de lo que los autores generativistas pretenden, pues su interpretación como determinadas funciones oracionales (sujeto, objeto, atributo, etc.) es en muchos casos ambigua y depende en última instancia de las relaciones semánticas que establezcamos (a través de un elemento verbal) entre los contenidos de los elementos léxicos del compuesto; y b) porque el estudio de estas relaciones sólo es pertinente cuando existe una jerarquización real dentro del compuesto, de tal forma que uno de los elementos actúa como modificador, o cuando el compuesto presenta una estructura semioracional con la presencia de un elemento verbal al que se subordina un sustantivo o un adverbio. Pero, incluso en estos casos, la supuesta relación sintáctica no basta para explicar el contenido semántico de la relación resultante»[27].

25. Vid. A. MANTECA ALONSO-CORTÉS (1987), «Sintaxis del compuesto», en *Lingüística Española Actual*, IX, pp. 333-345.
26. A. ALONSO-CORTÉS, *Lingüística General*, p. 143.
27. E. DE BUSTOS GISBERT, *La composición...*, pp. 19-20.

Porque, en no pocas ocasiones, cuando se trata de un compuesto, el significado del mismo no responde, como en la *derivación,* a la suma de los significados de sus componentes: en efecto, un *hombre rana* no es la suma de *hombre + rana,* ni siquiera adjetivando el segundo nombre: *hombre arranado; un camión cisterna* no es un *camión acisternado. En efecto, E. de Bustos Tovar dice a este respecto:

> «Habría que conceder una atención especial a aquellos casos en que uno de los componentes –o los dos al mismo tiempo– aparecen con un uso figurado de su significado básico. En tales circunstancias, la motivación de la palabra compuesta resulta de la suma de la motivación morfológica que, como tal compuesto, tiene y la motivación semántica que se desprende del uso figurado de uno de sus elementos. Así, por citar sólo unos cuantos ejemplos (...), *aguamarina* se llama a una piedra preciosa que se parece, en su color, al *agua del mar; coliflor* en una síntesis de semejanzas con *col* y *flor,* y lo mismo ocurre en *ciempiés, milhojas»*[28].

Estas consideraciones semánticas sugieren que en la composición la estructura es independiente del sentido (significado), «no son paralelos (o isomorfos)»[29].

Como conclusión a este repaso general, podemos hacer nuestras las palabras de Jean Molino cuando trata de presentar los problemas que plantea la composición:

> «La composición la definiremos aproximativamente como la operación que consiste en formar una sola palabra de la reunión de dos o más palabras. Como en todos los tipos de procedimientos morfológicos que vamos a estudiar, es evidente que los definiremos a partir de su forma más pura; se trata de tipos ideales, de prototipos que sirven para clasificar, pero que no siempre se corresponden por completo con una lengua determinada. Los problemas que plantea la composición son los siguientes: ¿Cuáles son las relaciones que existen entre las propiedades fónicas, morfológicas, sintácticas y semánticas de las unidades que entran en composición y las de la unidad compuesta? O, dicho de otra forma, ¿pueden preverse las propiedades de los componentes? (...). El

---

28. E. DE BUSTOS TOVAR, «Algunas observaciones...», p. 263.
29. A. ALONSO-CORTÉS, *Lingüística General,* p. 153.

5

segundo gran problema es el del grado de autonomía de los componentes y del compuesto: ¿Los dos (o *n*) componentes poseen el estatuto pleno de palabra en sincronía?»[30].

Por lo que se refiere a los diccionarios de lingüística, éstos no aportan en esta ocasión la variedad de criterios que denunciamos con respecto a la derivación, prefijación y sufijación. En efecto, podemos afirmar que vienen a coincidir en términos generales. Lázaro Carreter define la composición como:

> «Uno de los procedimientos de que la lengua se sirve para obtener palabras nuevas, consistente en la reunión de dos o más palabras en una sola, la cual, casi siempre adquiere un significado que excede al de la simple agregación de los significados de las palabras componentes: *ferrocarril*»[31].

Lewandowski lo hace en los siguientes términos:

> «El método de formación de palabras más importante en alemán, pero no en castellano, juntamente con la derivación, que hace posible la construcción de nuevas unidades léxicas (...). La formación, a partir de dos o más morfemas (=palabras) que pueden aparecer aislados, de un complejo morfémico libre nuevo que representa, formalmente y por su contenido, una unidad nueva, en la que el acento principal suele estar en el primer miembro del compuesto»[32].

---

30. J. MOLINO, «Où en est...?», pp. 21-22. «La composition, que l'on définira aproximativement comme l'opération qui consiste à faire un seul mot de la réunion de deux ou plusieurs mots. Comme pour tous les types de procédés morphologiques que nous allons étudier, il est clair que nous définissons les types à partir de leur forme la plus pure; il s'agit de types idéaux, de prototypes qui servent à classer mais auxquels ne correspond jamais absolument une langue donnée. Les problèmes posés par la composition sont les suivants: quelles sont les relations qui existent entre les propriétés phoniques, morphologiques, syntaxiques et sémantiques des unités composantes et de l'unité composé? Ou, autrement dit, peut-on prévoir les propriétés des composés à partir des propriétés des composants? C'est un problème que nous allons retrouver pour tous les processus morphologiques. Le deuxième grand problème est celui du degré d'autonomie des composants et du composé: les deux (ou *n*) composants ont-ils un statut plein de mot en synchronie?».

31. F. LÁZARO CARRETER, *Diccionario*...

32. Th. LEWANDOWSKI, *Diccionario*...

También Dubois mantiene esta misma concepción:

«Por *composición* se designa la formación de una unidad semántica a partir de elementos léxicos, susceptibles de tener por sí mismos una autonomía en la lengua. En virtud de esto, la composición se contrapone en general a la derivación, que constituye unidades léxicas nuevas tomándolas eventualmente de un conjunto de elementos no susceptibles de empleo independiente. Se oponen así palabras compuestas como *sacacorchos, portafolios,* y derivadas, como *rehacer, deshacer*»[33].

Por último, Cardona, siguiendo su línea habitual, ofrece una definición del proceso poco aclaratoria:

«El proceso de formación de palabras a partir de varios morfemas de la lengua, según esquemas de derivación más o menos constante».

Por lo que se hace necesario recurrir a la definición de *compuesto:*

«Un sintagma formado por dos o más morfemas que se comporta sintácticamente como un signo único y que asume un significado nuevo que no es dado, necesariamente, por la suma de los significados que lo componen»[34].

2.4. PARASÍNTESIS

Ahora bien, junto a los dos procesos fundamentales de formación de palabras cuyas características hemos discutido precedentemente, suele aducirse –de manera mucho más restringida, bien es cierto– un tercero, especialmente dentro de nuestra tradición gramatical. Nos referimos al concepto de *parasíntesis.*

Cronológicamente, fue Ramón Menéndez Pidal el primero en definir explícitamente dicho concepto:

«Los compuestos de prefijo y sufijo a la vez se llaman *parasintéticos,* de *pará,* que indica la yuxtaposición, y *synthetipós,* la síntesis de varios elementos que forman un término nuevo, como *desalmado,* donde sin que exista un sustan-

---

33. J. DUBOIS *et al., Diccionario...*
34. G. R. CARDONA, *Diccionario...*

tivo *desalma,* ni un adjetivo *almado,* la reunión de los tres elementos forma un compuesto claro y expresivo»[35].

En primer lugar, no está claro si se trata de un proceso de prefijación (él distingue la prefijación de la derivación)[36] o de composición, pues aunque habla de «*compuestos* de prefijo y sufijo a la vez», unas líneas más abajo dedica un apartado a la «*composición propiamente dicha*»[37].

En segundo lugar, para que se produzca parasíntesis es necesario que en la lengua no preexistan como formas atestiguadas la parte inicial o final del parasintético, esto es:

Pref + Lex (**desalma*) o
Lex + Suf (**almado*)

Por tanto, en virtud de este criterio, sería parasintéticos:

ultrasónico	(*ultrason)	(*sonico)
encabezar	(*encabeza)[38]	(*cabezar)
asilvestrado	(*asilvestre)	(*silvestrado)
descartar	(*descarta)	(*cartar)

Pero, una forma como *preopinante* (que, como las anteriores, responde a una fórmula Pref + Lex + Suf) no sería parasintética, toda vez que está atestiguado uno de los segmentos intermedios, *opinante* (Lex + Suf). Como muy bien señala Lázaro Mora, tampoco serían parasintéticos, siempre en función de la definición de Pidal, las siguientes formas[39]:

antiinflamatorio	(se documenta	*inflamatorio*)
autodeterminación	(se documenta	*determinación*)

---

35. Ramón MENÉNDEZ PIDAL (1904), *Manual de Gramática histórica española,* Espasa-Calpe, Madrid, 1982[17], §86.2.

36. R. MENÉNDEZ PIDAL, *Manual...,* §82. Allí se habla de «Formación por medio de sufijos» y se distingue de «Los prefijos y clases de prefijos» (§85-86).

37. R. MENÉNDEZ PIDAL, *Manual...,* §87. «Dos o más palabras que conservan en la lengua su significado aparte, se unen formando una sola, que representa al espíritu una idea única»

38. No existe como categoría nominal. Es evidente que sí existe como desarrollo del paradigma verbal del verbo *encabezar.*

39. F. A. LÁZARO MORA, «Sobre la parasíntesis...», p. 227.

contraproducente	(se documenta	*producente*)
extraconyugal	(se documenta	*conyugal*)
ingratamente	(se documenta	*gratamente*)
premenstruación	(se documenta	*menstruación*)

En estos casos habría que hablar de formas prefijadas sobre bases previamente sufijadas.

La Academia recoge en el *Esbozo* el concepto de **parasíntesis** en estos términos –refiriéndose específicamente a los ejemplos *desalmado* y *ensuciar*–: «En la (...) *parasíntesis* se dan de manera solidaria derivación y composición sin que la palabra central, que no es prefijo ni sufijo, en este caso *alma* y *sucio*, participe más de la una que de la otra»[40]. Ocurre que la Academia –debemos recordarlo ahora– agrupa las formas prefijadas y las compuestas por dos lexemas independientes dentro de la *composición*. Ello conduce a que la doctrina académica amplíe el concepto de *parasíntesis* de Menéndez Pidal, toda vez que añadirá la fórmula Lex + Lex + Suf a la señalada con anterioridad (Pref + Lex + Suf). En tanto que lo que nosotros entendemos por prefijación y composición son un mismo proceso para la Academia, serían parasintéticos tanto

i) *des-alm(a)-ado*   Pref + Lex + Suf
    en-suci(o)-ar   Pref + Lex + Suf

como

ii) *vana-glori(a)-ar*   Lex + Lex + Suf
    sordo-mud(o)-ez   Lex + Lex + Suf[41]

Tanto en i) como en ii) se dan de manera solidaria derivación y composición.

---

40. REAL ACADEMIA ESPAÑOLA, *Esbozo*, §2.1.4.f.

41. Ahora bien, debemos recalcar el hecho de que esta definición *sólo* será válida cuando se argumente que prefijación y composición constituyen un mismo proceso morfológico –como hace la Academia–. Extraña, por tanto, la incongruencia que denotan algunos trabajos como el ya mencionado de G. R. CARDONA, *Diccionario...*, cuando, una vez definidos prefijación y sufijación como procesos de derivación opuestos a la composición, se dice de la voz *parasintético* lo siguiente: «Tipo de compuesto en el que al menos uno de los elementos es a su vez una voz compuesta (...) como en español *endulzar* (en + dulz + ar)». Nos preguntamos, ¿dónde se puede hallar –fuera del concepto académico– cualquier tipo de naturaleza compuesta en *endulzar*?

Pero, además, el criterio de la Academia amplía de nuevo el aducido por Pidal al no imponer la restricción de preexistencia en la lengua de todos los elementos que funcionan en el parasintético. En este sentido, *autodeterminación* (← determinación) o *contraproducente* (← producente) *también* serían parasintéticos.

No parece, pues, que sea posible encontrar una definición nítida de *parasíntesis*. Cabría preguntarse si existen otros manuales o diccionarios que recojan este término y lo analicen convenientemente. Lo que ocurre es que, realmente, este proceso no ha sido objeto de consideración en el resto de la tradición gramatical española ni anglosajona[42]. Tan sólo, en el primer caso, habría que citar la definición que ofrece Lázaro Carreter, pero que, en palabras de Lázaro Mora, «se limita a transcribir la desafortunada definición de la última *Gramática* académica (1931), que no vale la pena comentar aquí»[43]. En el segundo caso, la excepción se ha producido más recientemente. M. F. Lang dedica un apartado a la parasíntesis dentro de un capítulo que responde al título «Procedimientos misceláneos». Allí se dice de ella que se trata de «una forma de derivación cuyo carácter ha sido objeto de amplia división por parte de los romanistas»[44]. A continuación, distingue dos tipos de formaciones parasintéticas. Uno responde a la fórmula [[pref+[R]]+suf] y otro a [pref+[R]+suf]. Al primer tipo responderían ejemplos como *complacencia, repartimiento* o *desesperación,* en los que la afijación del prefijo y del sufijo se producen en estadios diferentes: primero la prefijación del verbo (*placer* → *complacer, partir* → *repartir, esperar* → *desesperar*); y en un segundo momento la sufijación (*complacer* → *complacencia, repartir* → *repartimiento, desesperar* → *desesperación*). El segundo tipo respondería a ejemplos como *acompasado, entristecer, anaranjado,* en los que no se dan estadios sucesivos –no hay base derivada mediante prefijación a la que puedan añadirse los sufijos (**acompás-,* **entrist(e)-,* **anaranj(a)-)–.*

Con todo, es en la tradición gramatical francesa donde se ha cultivado de forma especial el concepto de *parasíntesis.*

---

42. Baste como ejemplo significativo el hecho de que no aparece recogido en el *Diccionario* de LEWANDOWSKI.

43. F. A. LÁZARO MORA, «Sobre la parasíntesis...», p. 229.

44. M. F. LANG, *Formación...,* p. 241.

Arsène Darmesteter defendía la existencia de parasíntesis cuando el nuevo elemento estuviese constituido por la adición simultánea o combinada de un prefijo y de un sufijo a un mismo radical[45].

Esta concepción fue aceptada por la mayor parte de los lingüistas galos[46], si bien algunos introdujeron precisiones: por ejemplo, Guilbert señaló que las formas verbales son las más productivas en parasíntesis, si bien no de forma exclusiva, como otros pretendían. Es más, para el citado lingüista, ni siquiera se necesita que aparezca un sufijo (derivativo) en último lugar; cualquier morfema terminal, como la vocal temática seguida de la -r del infinitivo, puede dar lugar a una forma parasintética. Así, muchas formaciones verbales parasintéticas resultan de un proceso de factivización de una base adjetiva o sustantiva:

ablandar: «hacer que algo se ponga *blando*»;

encanallar: «hacer que alguien se ponga *canalla*»;

refrescar: «hacer que alguien o algo se ponga *fresco*»;

despeñar: «hacer que alguien o algo se precipite por las *peñas*.

adelgazar: «hacer que alguien se ponga más *delgado*».

Dicha transformación factitiva se produce sin que exista un verbo carente de prefijo: *blandar, *canallar, *frescar, *peñar, *delgazar[47].

45. Arsène DARMESTETER (1874), *Traité de la formation des mots composés*, E. Bouillon, Paris, 1984². En la p. 96 se lee: «[Les derivés parasynthétiques] offrent ce remarquable caractère d'être le résultat d'une composition et d'une derivation agissant ensemble sur un même radical, de telle sorte que l'une ou l'autre ne peut être supprimée sans amener la perte du mot» [«(Los derivados parasintéticos) presentan la característica particular de ser el resultado de una composición y de una derivación que se producen conjuntamente sobre un mismo radical, de tal forma que la una o la otra no puede ser suprimida sin conducir a la desaparición de la palabra»].

46. Por ejemplo, J. DUBOIS *et al., Diccionario,* define el término *parasintético* del siguiente modo: «Una palabra *parasintética* está formada por la adición combinada de un sufijo y un prefijo, por ejemplo *alunizar,* formada con el prefijo a- y el sufijo -izar, mientras que *aluna* y *luni-zar* no están documentadas». En todo caso, obsérvese cómo no es otra la teoría que exponía Menéndez Pidal.

47. Este tipo de formaciones es destacado también por M. F. LANG, *Formación...,* p. 242: «Existe una formación parasintética productiva en español que genera verbos a partir de nombres y adjetivos. En ambos casos, los prefijos son invariablemente a- o en-, y el morfema de infinitivo puede formarse a partir de sufijos explícitos --izar, -ificar, -ecer- o puede añadirse directamente el correspondiente a la primera conjugación -ar:

Esta idea fue recogida por Bröndal, aunque añadiéndole una nueva precisión –por otra parte ya adelantada por Darmesteter–: por más que exista el verbo sin prefijo, la prefijación puede convertir en parasintético al nuevo término, con la condición de que el significado sea distinto al de la base[48]. Así, *desheredar* no significa la negación de heredar «no heredar», sino «hacer que alguien quede sin herencia, privarle de ella"; *revolver* no significa «volver a volver», sino «mirar o registrar moviendo y separando algunas cosas que estaban ordenadas». En este sentido, *desheredar* y *revolver* –siguiendo la argumentación de Bröndal– serían parasintéticos.

A este mismo tipo de fenómenos se refiere Coseriu cuando habla de *isomorfismos léxicos*. Por ejemplo, cuando habla de *modificación* o *derivación homogénea* (estructura paradigmática secundaria que encaja dentro del campo tradicional de «formación de palabras», esto es, modificaciones del significante de un lexema que no implica el cambio de «clase de palabra» del término resultado de la modificación):

seguir - perseguir - proseguir - conseguir (verbos)
ver - prever - entrever (verbos)

a) N → V	b) Adj → V
trampa → entrampar	bruto → embrutecer
pavor → empavorecer	seguro → asegurar
vinagre → avinagrar	bello → embellecer
luna → alunizar	fino → afinar».

48. Vigo BRÖNDAL (1943), «Définition de la morphologie», en *Esquisse de linguistique générale,* Copenhague. «Nous nous hâtons de souligner que cette non-existence de formes pourvues d'un seul élément de dérivations ne répresente pas un critère absolu des formations parasynthétiques. Des verbes tels que *dénommer* et *délimiter* sont parasynthétiques malgré l'existence de *nommer* et *limiter.* Ceux-ci ne sont pas le point de départ de ceux-là. Au contraire, leur point de départ à tous deux est le même, à savoir le substantifs: *nom, limite.* On voit donc que la formation parasynthétique ne se définit pas de façon extérieure, mais par la force dynamique intérieur qui lie les deux éléments de dérivation au mot de base» (p. 125) [«nos apresuramos a señalar que esta inexistencia de formas provistas de un solo elemento de derivación no representa un criterio absoluto para las formaciones parasintéticas. Verbos como *dénommer* [*denominar*] y *délimiter* [*delimitar*] son parasintéticos por más que existan *nombrar* y *limitar.* Éstos no son el punto de partida de aquéllos. Por el contrario, su punto de partida es el mismo para ambos, a saber, los sustantivos: *nom* [*nombre*], *limite* [*límite*]. Por tanto, se observa cómo la formación parasintética no se define de forma externa, sino a través de la fuerza dinámica interna que une los dos elementos de derivación a la palabra de base»].

casa - casita - casucha - caserío (nombres)
barco - barca - barquito - barquero - embarcación (nombres)[49]
Pues bien, consideremos los siguientes ejemplos de modificación:

rehacer	hacer	deshacer
recomponer	componer	descomponer
reembolsar	embolsar	desembolsar
revestir	*vestir*	*desvestir*
reconstruir	construir	destruir
recompensar	compensar	descompensar

Observaremos que, si bien desde el punto de vista formal todas las columnas dan cuenta de un mismo procedimiento (col. 1 *prefijación* –derivación–, col. 2 *base léxica* no modificada, col. 3 *sufijación* –derivación–), no en todos los casos dicho procedimiento da lugar a una modificación significativamente homogénea. Así, *rehacer* es «hacer de nuevo, volver a hacer» y *deshacer* es «lo contrario de hacer»; de modo paralelo, *recomponer* es «volver a componer, componer de nuevo» y *descomponer* significa «lo contrario de componer», etc. Sin embargo, *revestir* no significa –como podría pensarse en un principio– «vestir de nuevo, volver a vestir», sino «vestir una ropa sobre otra». Es más, incluso cuando *desvestir* signique «lo contrario de vestir», esto es, «quitar la ropa», podemos decir que se encuentra en desuso por colisión con la forma *desnudar,* proveniente del latín *nudare* con prefijación pleonástica, dado que *nudare* ya significaba en latín lo que hoy *desnudar* en español. Tal vez, habría que hablar de sinonimia, si bien, cuando menos en el uso, *des-*

49. *Apud* Manuel JUSTO GIL (1990), *Fundamentos del análisis semántico,* Universidad de Santiago de Compostela, Santiago de Compostela, p. 37. Eugenio COSERIU, *Principios...,* p. 179: «La *modificación* corresponde a una determinación gramatical "inactual", es decir, a una determinación que no implica una función específica (en la oración) del término primario modificado. Se trata, lo más a menudo, de una cuantificación del término primario. A esta estructura corresponden, por ejemplo, las formaciones diminutivas, los colectivos, los verbos formados con prefijos (así: *casa-casita, caballo-caballito,* fr. *maison-maisonnette,* it. *cavallo-cavallino; rojo-rojizo, amarillo-amarillento,* lat. *rufus-subrufus,* fr. *rouge-rougeâtre,* it. *rosso-rossiccio; llorar-lloriquear, llover-lloviznar,* fr. *crier-crialler, pleurer-pleurnicher; árbol-arboleda,* it. *quercia-querceto; ver-rever-prever, seguir-perseguir-proseguir,* fr. *voir-prévoir, suivre-poursuivre,* it. *seguire-inseguire-perseguire-proseguire,* etc.)».

nudar y *desvestir* han especializado sus sentidos. Así, el primero se utiliza con el valor de «quitarse la ropa» y el segundo parece haberse especializado para significar «cambiarse de ropa (esto es, desnudarse para, a continuación, volver a vestirse)»[50]. En todo caso, lo que nos interesa señalar aquí es que se ha producido en un procedimiento formalmente derivado no una *suma de significaciones* de los elementos constituyentes, sino una *combinación de significados* –como en la composición–. Es en estos casos en los que algunos han creído encontrar otra suerte de términos parasintéticos.

Resumiendo lo hasta ahora expuesto, dos rasgos definirían a los parasintéticos: i) la inexistencia en la lengua de los segmentos intermedios (*Pref + Lex) o (*Lex + Suf) –dada la fórmula (Pref + Lex + Suf)–; ii) aun existiendo alguno de los dos, cuando los elementos constituyentes presentan un significado distinto al que toma el parasintético.

Ahora bien, puede darse el caso de que un mismo término se considere como forma parasintética o no cuando se produce un fenómeno polisémico. Así, una forma como *submarino* debe considerarse como parasintética con valor gramatical de sustantivo y significado de «tipo de nave»; por el contrario, habría que considerarla como forma prefijada sobre base previamente sufijada con valor gramatical de adjetivo y significado de «lo que se encuentra debajo del mar». Del mismo modo, *reconocer* sería un parasintético cuando su significado se explica por la combinación de significaciones «examinar de cerca (un campamento, una posición, [el médico] a un enfermo», pero se trataría de una forma simplemente prefijada cuando su significado es el que posee en expresiones como *reconocer a una persona,* esto es, «distinguir, confesar que [una persona (o cosa)] es la misma que por cualquier circunstancia uno tenía ya olvidada o confundida –volver a conocer–».

Lo cierto es que, desde el punto de vista gramatical, la parasíntesis no tiene una configuración sintagmática distinta de la prefijación. Entonces, ¿por qué distinguir ambos procesos?

En segundo lugar, podemos obviar el criterio de la inexistencia del segmento intermedio si recurrimos a los conceptos de palabra posible y palabra

---

50. Cuando nos disponemos a tomar una ducha, «nos *desnudamos*». Cuando nos vamos a la cama y nos quitamos la ropa de calle para ponernos el pijama «nos *desvestimos*».

existente. Es un hecho demostrado que en el léxico de una lengua existen lagunas. Así, palabras perfectamente posibles en español atendiendo a su configuración fonológica no pertenecen al acervo léxico, son significantes no provistos de significado. No constituyen signo lingüístico, son meras catenas fónicas: *insucado, *palendar, *rigonca, etc.[51] Del mismo modo, este hecho se manifiesta en la formación de palabras: pueden existir lagunas[52]. ¿Qué ley puede justificar el que exista un adjetivo *maderable* (← [madera]$_N$) «aplícase al árbol, bosque, etc., que da madera útil para cualquier obra de carpintería», y no una forma, también adjetiva, como *juiciable* (← [juicio]$_N$)? Parece, por tanto, siguiendo a Lázaro Mora, que este criterio que se utiliza con el fin de distinguir las formas parasintéticas de las que no lo son, no es estrictamente gramatical:

> «Si esto es cierto, si está en las posibilidades de la gramática construir un adjetivo como *juiciable, enjuiciable* no sería un verdadero parasintético, sino una formación prefijada sobre una base ya sufijada, con la peculiaridad de no estar atestiguada en la "norma"»[53].

---

51. Compárense con formas como *somólof,* *estrujbanyi,* *strongly,* *nuaj,* *mulassier,* etc., que no son posibles en español –por tanto, inexistentes– y de las que un hablante del español reconocería inmediatamente, en virtud de la estructura fónica ajena que las caracteriza, como no españolas. Por el contrario, si aplicamos este mismo criterio de introspección psicológica a las palabras posibles pero no existentes, ese mismo habalnte nativo respondería que es posible que sean españolas, que existan, pero que su significado –de existir realmente– debería consultarlo en un diccionario.

52. Ya lo hemos advertido al citar la opinión de S. Varela al comienzo de este trabajo: «[La derivación y la composición] corresponden al apartado de formación de palabras, el cual se caracteriza por su capacidad creativa, reflejo de la cual es la *falta de regularidad, la existencia de lagunas y fenómenos idiosincrásicos* que aparentemente escapan a toda sistematización por medio de reglas de alcance general» (*Fundamentos...,* p. 12. El subrayado es nuestro).

53. F. A. Lázaro Mora, «Sobre la parasíntesis...», p. 233. El profesor Lázaro Mora recurre a los criterios aducidos por Coseriu (sistema, norma, habla) para criticar la no consideración del «segmento intermedio» en el supuesto término parasintético. No de otra forma se expresa S. Scalise cuando expone sus conclusiones acerca de este mismo fenómeno (*Morfología generativa,* pp. 168-171): «Podemos, por tanto, aventurar la hipótesis de que las formaciones parasintéticas tradicionales se forman en dos pasos: primero, la sufijación crea una palabra posible aunque no necesariamente existente y, después, la prefijación genera el resto de la forma, como ilustramos a continuación:

En este sentido, Alcoba Rueda propone las siguientes hipótesis para la discusión en torno a los constituyentes de los parasintéticos:

a)   Es posible considerar que están integrados por un solo constituyente. Si bien, a continuación, se apresura a aclarar:

> «Nadie que yo sepa, que se haya referido directa o indirectamente a los parasintéticos, ha supuesto que estén constituidos por un solo constituyente, ni en la gramática tradicional descriptiva, ni en el desarrollo estructuralista clásico, ni en la gramática generativa, en particular, a partir de Chomsky (1970) en que, para entendernos, podemos situar las bases de la elaboración teórica de un componente morfológico autónomo en la estructura de la gramática generativa»[54].

Sin embargo, ésta sería la hipótesis más coherente con el modelo morfológico desarrollado en Aronoff. Sólo así se podrían mantener determinadas restricciones y principios sobre las reglas de formación de palabras. Evidentemente, al ser los parasintéticos construcciones de un solo constituyente, serían elementos integrantes del diccionario o léxico fundamental de la lengua.

b)   La posibilidad de considerar los parasintéticos como construcciones de dos constituyentes se puede rastrear en propuestas tradicionales, estructu-

1. $[\ ]_{Adj}$ $[brutto]_{Adj}$ "feo"
2. $[[\ ] + Suf]_V$ $[[brutto]_{Adj} + ire]_V$ *bruttire "*fear"
3. $[Pre + [[\ ] + Suf]_V]_V$ $[in + [[brutto]_{Adj} + ire]_V]_V$ inbruttire "afear"»

Esta teoría, además, soluciona el problema de la llamada «hipótesis de ramificación binaria». En efecto, si suponemos que existen tres elementos en el parasintético: in-brutt(o)-ire, implicaría una representación arbórea tripartita. En este sentido, M. F. LANG (Formación..., p. 244) llegaba a afirmar, al no considerar el análisis que, entre otros, propone Scalise: «La extensión de la parasíntesis en español es tal que contraviene, por su elevada productividad, toda teoría morfológica que se fundamente en el principio de ramificación binaria».

54. Santiago ALCOBA RUEDA (1987), «Los parasintéticos: constituyentes y estructura léxica», en Soledad VARELA (ed.) (1993), La formación de palabras, Taurus, Madrid, pp. 360-379 (La cita corresponde a la p. 362). Vid. también Noam CHOMSKY (1970), «Remarks on Nominalization», versión española «Observaciones sobre la nominalización», en Víctor SÁNCHEZ DE ZAVALA (Comp.) (1974), Semántica y sintaxis en la lingüística transformatoria, I, Alianza Editorial, Madrid, 133-187.

ralistas clásicas y generativistas. Los distintos supuestos de esta hipótesis responden al siguiente esquema:

i) $[Af_i [X] Af_i]$
ii) $[Pref [X]]$
iii) $[[X] Suf]$

En el supuesto b-i) se considera que los parasintéticos están constituidos por un afijo discontinuo (Af_i) y una base cualquiera nominal o adjetiva. Esta es la solución que se proponía, por ejemplo, en los albores de la gramática generativa y constituye una de los modos más celebrados para intentar obviar el problema de la presencia o ausencia del «segmento intermedio»[55]. En efecto, en virtud de esta concepción, existirían dos tipos de morfemas con respecto a la posición que ocupan: *continuos* (adyacentes) y *discontinuos* (simultáneos). Un ejemplo del primer caso sería *militar-izar,* donde ambos morfemas constituyen un bloque inseparable. Por el contrario, si el morfema aparece partido como en *en-+torp(e)-ecer,* en tal caso *en-cer* se manifiesta como discontinuo. «Lo que define a un morfema como continuo es su independencia. El morfo *-izar* puede sustituirse por *-ismo: militar-ismo. En-,* de *en-torpecer* no es independiente: **des-+torp(e)+-ecer*»[56].

En tercer lugar, acudir al significado para distinguir formas como:

i)   *revolver:* parasintético aunque exista *volver* o
ii) *rehacer:* prefijado porque existe *hacer*

no constituye un procedimiento de argumentación homogéneo. Se trata, en suma, de una superposición de pautas, contraria a cualquier principio hermenéutico.

---

55. «In pregenerative twentieh-century linguistics, both European and American, much attention was paid to morphological issues. In America, the emphasis was on the criteria for identifying morphemes and the conditions for recognising 'discontinuous', 'zero', 'replacive' and 'portemanteau morphs'...» (*Apud* Andrew CASTAIRS-MCCARTHY (1992), *Current Morphology,* Routledge, London, p. 4) [«En la lingüística pregenerativa del siglo XX, tanto en Europa como en América, la atención estaba centrada en los principios morfológicos. En América, se ponía mayor énfasis en los criterios para la identificación de los morfemas y las condiciones de distinción de los 'discontinuos', 'cero', 'aditivos', 'entrecruzados'...»].

56. A. ALONSO-CORTÉS, *Lingüística General,* p. 138.

Cabe pensar, por tanto, que la parasíntesis es un tipo de prefijación (derivación) sobre base sufijada o que da lugar a un término cuyo carácter significativo es más complejo.

Por lo tanto, a continuación, dedicaremos un capítulo a los procesos de derivación (prefijación y sufijación) y otro al proceso de composición. *Derivación* y *composición* son, pues, los dos únicos procesos de formación de palabras que vamos a considerar como tales.

3. Derivación

3.1. PREFIJACIÓN

Para el establecimiento del inventario de formas prefijales que operan en procesos de derivación, vamos a seguir un criterio sincrónico y productivo. Prescindiremos en nuestra relación, por tanto, de todos aquellos elementos prefijales que, para el hablante actual del español, no lo son de forma intuitiva. Queremos decir que no tendremos en cuenta –de no ser estrictamente necesario– factores diacrónicos o pertenecientes a capítulos de la historia de la lengua española. Así, por ejemplo, formas como *diagonal* o *diafragma,* en las que, históricamente, pudiera rastrearse un prefijo *dia-* «a través de», «separación» o como *hemisferio, hemiciclo* (*hemi-,* «mitad») –por más que se haya extendido entre el vulgo el tecnicismo *hemiplegia–*[1], *metáfora* (*meta-,* «cambio»), etc., no centrarán nuestra atención[2].

Existen dos criterios de clasificación de los morfemas en general, perfectamente aplicables al caso particular que nos ocupa, los prefijos. Uno se basa en el valor semántico que poseen; el otro, en las posibilidades de combinación gramatical que presentan (o, si se prefiere, en las restricciones combinatorias)[3].

---

1. Coincidimos con Manuel ALVAR y Bernard POTTIER (1983) –*Morfología Histórica del Español,* Gredos, Madrid–, quienes al tratar los prefijos de origen griego señalan a propósito lo siguiente: «Para tener una idea cabal del funcionamiento de estos elementos, vid. *la composición* (...) donde consideraremos *helio-, hemo-, hidro-, tele-,* etc. Señalemos también que se han lexicalizado las palabras con *hemi-,* (*hemiciclo, hemisferio*) y *hetero-* (*heterogéneo, heterodoxo*)» (pp. 359-360).

2. Una de las mejores pruebas que a nuestro entender pueden aducirse para demostrar la fosilización es precisamente la ausencia de alomorfos. Si bien no es una característica que poseen estos elementos de modo exclusivo, sí que todos los prefijos que A. QUILIS cataloga dentro del epígrafe «[morfemas prefijos] de menos rendimiento en la lengua» pertenecen al grupo al que aludimos. Unas líneas más adelante, el propio QUILIS añade: «cada uno de ellos tiene un solo alomorfo» (*Apud* «Sobre la Morfonología...», pp. 244-245).

3. Th. LEWANDOWSKI, *Diccionario,* habla de «prefijos verbales, substantivos, adjetivos» (s.v. *prefijo*).

Nuestro criterio va a consistir en indicar, en primer término, su valor semántico para, a continuación, indicar las posibilidades gramaticales de combinación[4].

3.1.1. *Prefijos de negación*[5]

a-/an-

1. *Valor semántico.* «Negación o falta de aquello que expresa la palabra a la cual se une»:

{*a-político*} (apolítico) «*Ajeno* a la política»;

{*a-típico*} (atípico) «Que por sus caracteres *se aparta* de los tipos conocidos».

2. *Aspectos formales.* Se usa *a-* delante de consonante y *an-* ante vocal:

{*a-simétrico*} (asimétrico), {*a-normal*} (anormal);

{*an-alfabeto*} (analfabeto), {*an-aerobio*} (anaerobio) (Estos últimos casos son menos frecuentes en la lengua común, dado que la mayor parte son cultismos)[6].

---

4. Una clasificación semántica nos obligará a repetir un mismo sufijo en epígrafes diferentes. Para no dar lugar a confusión, hemos pensado que, tras la exposición pormenorizada de todos los sufijos, resultaría útil ofrecer un cuadro sinóptico final en el que queden reflejados de forma sintética todas las posibilidades –formales y significativas– de cada uno de los prefijos previamente comentados.

5. Para los valores semánticos de los prefijos, así como para la consulta de las definiciones de las palabras que se citan a modo de ejemplo, hemos consultado indistintamente el ya citado *DGILE,* dirigido por Manuel ALVAR EZQUERRA y el *Diccionario de uso del español* (1966-1967) de María Moliner, Gredos, Madrid.

6. Obsérvese, además, cómo estos ejemplos plantean algún que otro problema. Por ejemplo, *analfabeto* pertenece a la categoría adjetival («Que no sabe leer»). Entonces, si *alfabeto* es sustantivo, ¿cómo justificar que a través de la adjunción de un prefijo (*an-*) se ha producido metábasis, cuando, precisamente, esta característica, como hemos visto, estaba reservada a los sufijos? La solución no es otra que recurrir a la etimología de la palabra. En efecto, ya en griego se documentaba una forma *analphábetos*. ¿Habría que considerar, por tanto, *analfabeto* como forma plena –lexicalizada– y negar la posibilidad de formación derivada? ¿Deberíamos considerar, tal vez, como hacía la Academia, la prefijación dentro de la composición?

3. *Plano gramatical.* Se combina preferentemente con bases adjetivas, si bien no se excluyen las sustantivas –en especial, si previamente están sufijadas–:

[*a*-[*político*]$_{Adj}$]$_{Adj}$, [*a*-[*simétrico*]$_{Adj}$]$_{Adj}$, [*a*-[*típico*]$_{Adj}$]$_{Adj}$

[*a*-[*politización*]$_N$]$_N$ (apolitización), [*a*-[*sindicalismo*]$_N$]$_N$ (asindicalismo).

anti-

1. *Valor semántico.* «Oposición, contrariedad»:

{*anti-clerical*} (anticlerical) «Se aplica a las personas *que tienen animadversión contra* el clero o *son contrarias* a la intervención de la Iglesia en asuntos no religiosos»;

{*anti-espasmódico*} (antiespasmódico) «Se aplica a las substancias que se emplean *para suprimir* los movimientos convulsivos en el organismo».

2. *Aspectos formales.* No presenta alteraciones formales.

3. *Plano gramatical.* Se combina con bases sustantivas, si bien de manera especial, sobre todo en la actualidad, se adjunta a bases adjetivas[7]:

[*anti*-[*cuerpo*]$_N$]$_N$ (anticuerpo), [*anti*-[*concepción*]$_N$]$_N$ (anticoncepción);

[*anti*-[*económico*]$_{Adj}$]$_{Adj}$ (antieconómico), [*anti*-[*deportivo*]$_{Adj}$]$_{Adj}$ (antideportivo).

contra-

1. *Valor semántico.* «Cosa contraria u opuesta»:

---

7. En una forma como *antiniebla* cabría discutir la categoría del derivado, en principio adjetiva. Sin embargo, se impone una segmentación del tipo [anti-[niebla]$_N$]. Por ello, si hemos admitido que la prefijación no produce cambio de categoría sobre la base a la que se adjunta, ¿cabría hablar, entonces, de composición? Tal vez, sea interesante recordar la historia semántica del sufijo que recoge M. F. LANG, *Formación...,* pp. 223-224: «[Anti-] ha empezado a utilizarse combinado con bases adjetivas (...). Aquí, su avance se ha producido a costa de otros procedimientos de expresión de la negación, por ejemplo, *antiinformativo* por *poco informativo, antinatural* por *poco natural* y *antihigiénico* por *poco higiénico* (...) [También] *anti-* ha evolucionado semánticamente hacia el concepto de "protección" o "defensa" (cf. términos como *antiaéreo, antitanque, antigás*). Por elisión, muchas formas en *anti-* se han nominalizado: *anticongelante, anticonceptivo, antihistamínico*».

{*contra-bloqueo*} (contrabloqueo) «En la guerra moderna, operaciones destinadas *a restar eficacia* al bloqueo enemigo o *a destruir* las armas que para ello se emplean»;

{*contra-producente*} (contraproducente) «[Dicho o acto] cuyos efectos *son opuestos* a la intención con que se profiere o ejecuta».

2. *Aspectos formales.* No presenta alteraciones formales.

3. *Plano gramatical.* Puede combinarse con sustantivos, adjetivos o verbos: [*contra*-[*espionaje*]$_N$]$_N$ (contraespionaje), [*contra*-[*cultura*]$_N$]$_N$ (contracultura); [*contra*-[*natural*]$_{Adj}$]$_{Adj}$ (contranatural), [*contra*-[*producente*]$_{Adj}$]$_{Adj}$; [*contra*-[*decir*]$_V$]$_V$ (contradecir), [*contra*-[*poner*]$_V$]$_V$ (contraponer).

des-/dis-/de-

1. *Valor semántico.* Denota privación, negación o inversión del significado del vocablo simple[8]:

{*dis-conforme*} (disconforme) «*No* conforme»;

{*des-embotar*} (desembotar) «Hacer que [lo que estaba embotado] *deje* de estarlo».

2. *Aspectos formales.* En esta ocasión, los alomorfos están en distribución libre. No se pueden especificar los contextos en los que están especializados, como ocurría en el caso de *a-* / *an-*. Con todo, parece que *de-* sólo aparece ante vocal y *dis* ante consonante; *des-*, ante vocal y consonante:

{*des-confiar*} (desconfiar), {*des-hacer*} /des-aθér/ (deshacer);

{*de-generar*} (degenerar), {*de-mérito*} (demérito);

{*dis-culpar*} (disculpar), {*dis-conforme*}.

---

8. Existe otro prefijo *dis-*, procedente del griego *dys* «difícil, mal», que entra en prefijación especialmente dentro del ámbito científico: {*dis-fasia*} (disfasia) «*Anomalía* en el lenguaje consistente en una incoordinación de las palabras, debida a una lesión cerebral»; {*dis-forme*} (disforme) «Que presenta en su forma alguna *irregularidad* que lo hace feo, desproporcionado». Cabría hablar también de alomorfos: cf. {*de-forme*} (deforme) –variante habitual de la anterior, con el mismo significado–. En la actualidad, sobre todo en medios periodísticos y oficiales, se tiende a crear formas en *dis-* para paliar el significado de formas con otros prefijos que significan privación absoluta. Así, por ejemplo, no es extraño toparse con las formas *discapacitado, discapacidad,* para referirse a una persona *incapacitada* o a su *incapacidad.* Se trata, por tanto, de un recurso eufemístico.

3. *Plano gramatical.* Se combina indistintamente con bases sustantivas, adjetivas o verbales:

[des-[unión]$_N$]$_N$ (desunión), [des-[preocupación]$_N$]$_N$ (despreocupación); [des-[contento]$_{Adj}$]$_{Adj}$ (descontento), [dis-[conforme]$_{Adj}$]$_{Adj}$; [des-[aconsejar]$_V$]$_V$ (desaconsejar), [des-[oír]$_V$]$_V$ (desoír).

ex-

1. *Valor semántico.* En ocasiones, este prefijo puede significar negación o privación. «Antepuesto a nombres de dignidades o cargos, denota que los tuvo y ya no los tiene la persona de que se habla. También se antepone a otros nombres o adjetivos de persona, e indica que ésta ha dejado de ser lo que aquéllos significaban. En estos dos últimos casos se escribe separado»[9]:

{ex-heredar} (exheredar) «Desheredar. *Excluir* [a una persona] de la herencia»;

{ex-culpar} (exculpar) «*Descargar* [a uno] de culpa»;

{ex-combatiente} (excombatiente) «Que *peleó* (*tiempo de pasado*) bajo alguna bandera militar o por alguna causa política».

2. *Aspectos formales.* No presenta alteraciones formales.

3. *Plano gramatical.* Se adjunta a bases verbales, adjetivas o sustantivas:

[ex-[heredar]$_V$]$_V$, [ex-[culpar]$_V$]$_V$;

[ex-[monárquico]$_{Adj}$]$_{Adj}$ (ex-monárquico), [ex-[comunista]$_{Adj}$]$_{Adj}$ (ex-comunista);

[ex-[ministro]$_N$]$_N$ (ex-ministro), [ex-[alumno]$_N$]$_N$ (ex-alumno).

extra-

1. *Valor semántico.* Valor negativo heredado de su original significado locativo «fuera de»:

---

9. REAL ACADEMIA ESPAÑOLA, *Diccionario Manual...*, s.v. ¿Cabría pensar que no se trata en los dos últimos casos de un prefijo, al no darse el principio de unidad ortográfica? Pensemos que *ex* ha adquirido una vitalidad inusitada en la lengua hablada como elemento independiente, cuasi léxico, referido de forma especial al ámbito amoroso: «*Mi(s) ex*» (mi(s) *ex-marido(s)*, *ex-novio(-a)(s)*, *ex-amante(s)*, etc.).

{*extra-parlamentario*} (extraparlamentario) «Que *no tiene* representación en el Parlamento»;

{*extra-oficial*} (extraoficial) «*No* ofical, oficioso».

2. *Aspectos formales.* No presenta alteraciones formales.

3. *Plano gramatical.* Se adjunta fundamentalmente a bases adjetivas: [*extra*-[*humano*]_{Adj}]_{Adj} (extrahumano), [*extra*-[*litúrgico*]_{Adj}]_{Adj} (extralitúrgico).

in-/im-/i-

1. *Valor semántico.* «Privación, negación»:

{*i-legal*} (ilegal) «Que *es contra* la ley»;

{*im-posible*} (imposible) «*No* posible».

2. *Aspectos formales.* Se utiliza *i-* ante morfemas que comienzan por *r-* o *l-*; *im-*, ante morfemas que comienzan por *b-* o *p-*; *in-*, en el resto de los casos: {*i-real*} (irreal), {*i-racional*} (irracional), {*i-legal*}, {*i-lógico*} (ilógico);

{*im-bebible*} (imbebible), {*im-batible*} (imbatible), {*im-posible*}, {*im-pertinente*} (impertinente);

{*in-aceptable*} (inaceptable), {*in-alterado*} (inalterado), {*in-tolerable*} (intolerable), {*in-civil*} (incivil).

3. *Plano gramatical.* Se combina preferentemente con adjetivos y, en menor medida, con verbos:

[*in*-[*alámbrico*]_{Adj}]_{Adj} (inalámbrico), [*in*-[*alcanzable*]_{Adj}]_{Adj} (inalcanzable); [*in*-[*capacitar*]_{V}]_{V} (incapacitar), [*in*-[*comunicar*]_{V}]_{V} (incomunicar).

3.1.2. *Prefijos locativos*

ante-

1. *Valor semántico.* «Anterioridad en la posición en el espacio»:

{*ante-capilla*} (antecapilla) «Pieza *contigua* a una capilla y por donde ésta tiene la *entrada*»;

{*ante-sala*} (antesala) «Pieza situada *delante de* la sala».

2. *Aspectos formales.* No presenta alteraciones formales[10].

___

10. En todo caso, habría que señalar una excepción, tal vez dos, si tenemos en cuenta aquí otro valor que este mismo sufijo posee y que analizaremos más adelante –temporal–. Se trata de

3. *Plano gramatical.* Se añade principalmente a sustantivos, si bien en ocasiones puede adjuntarse a verbos:

[*ante-*[*brazo*]ₙ]ₙ (antebrazo), [*ante-*[*coro*]ₙ]ₙ (antecoro);
[*ante-*[*poner*]ᵥ]ᵥ (anteponer).

circum-/circun-

1. *Valor semántico.* «Alrededor»:
{*circun-navegar*} (circunnavegar)[11] «Navegar *alrededor*»;
{*circun-vecino*} (circunvecino) «[Lugar u objeto] que se halla cerca y *alrededor* de otro».

2. *Aspectos formales.* Antes de *b, m, p* y a veces *n*, se toma la forma *circum-*. En los restantes casos, se escribe *circun-*.

3. *Plano gramatical.* Se combina con sustantivos, adjetivos y verbos:
[*circun-*[*navegación*]ₙ]ₙ (circunnavegación), [*circun-*[*locución*]ₙ]ₙ (circunlocución);
[*circum-*[*polar*]₍Adj₎]₍Adj₎ (circumpolar), [*circun-*[*yacente*]₍Adj₎]₍Adj₎ (circunyacente);
[*circun-*[*navegar*]ᵥ]ᵥ, [*circun-*[*volar*]ᵥ]ᵥ (circunvolar).

entre-/inter-

1. *Valor semántico.* «Expresa situación intermedia y, por extensión, mutualidad, reciprocidad»:
{*entre-barrera*} (entrebarrera) «Espacio *que media* en las plazas de toros entre la barrera y la contrabarrera»;
{*entre-cerca*} (entrecerca) «Espacio *que media* entre una cerca y otra»;
{*inter-cambio*} (intercambio) «Comercio o relación económica *entre* dos países»;

---

las formas *anti-faz* (antifaz) «Velo o máscara con que se cubre la cara» y *anti-diluviano* (antidiluviano) –vulgarismo por *antediluviano*– «Anterior al diluvio universal. Antiquísimo». Estos dos ejemplos no son suficientes para hablar de alomorfos, aunque A. QUILIS así lo considere –«Sobre la Morfonología...», p. 239–.

11. Esta es la grafía adoptada por la Academia. Sin embargo, es frecuente hallar *circumnavegación, circumnavegar* en tratados de Geografía y buenos autores modernos (*Apud DGILE* s.v. *circunnavegación*).

{*inter-poner*} (interponer) «Poner una cosa *entre* otras».

2. *Aspectos formales.* Las formaciones en *inter-* mantienen la forma culta del latín; por su parte, los términos en *entre-* han tomado la forma popular derivada de la latina[12].

3. *Plano gramatical.* Se combina indistintamente con sustantivos, adjetivos o verbos:

[*entre-*[*pierna*]$_N$]$_N$ (entrepierna), [*entre-*[*planta*]$_N$]$_N$ (entreplanta);
[*entre-*[*fino*]$_{Adj}$]$_{Adj}$ (entrefino), [*inter-*[*urbano*]$_{Adj}$]$_{Adj}$ (interurbano);
[*entre-*[*meter*]$_V$]$_V$ (entremeter), [*entre-*[*mezclar*]$_V$]$_V$ (entremezclar).

infra-

1. *Valor semántico.* «Debajo de, en la parte inferior»:

{*infra-estructura*} (infraestructura) «Parte de una construcción que *está bajo* el nivel del suelo»;

{*infra-valorar*} (infravalorar) «*Disminuir* la importancia de una cosa al referirla o comentarla».

2. *Aspectos formales.* No presenta alteraciones formales.

3. *Plano gramatical.* Se combina indistintamente con sustantivos, adjetivos o verbos, si bien no presenta una alta productividad en español actual:

[*infra-*[*estructura*]$_N$]$_N$, [*infra-*[*sonido*]$_N$]$_N$ (infrasonido);
[*infra-*[*humano*]$_{Adj}$]$_{Adj}$ (infrahumano), [*infra-*[*glotal*] $_{Adj}$]$_{Adj}$ (infraglotal);
[*infra-*[*valorar*]$_V$]$_V$ (infravalorar).

pos-/post-

1. *Valor semántico.* «Posterioridad en el espacio»:
{*post-palatal*} (postpalatal) «Zona situada *detrás del* paladar»;

---

12. A. QUILIS, «Sobre la Morfonología...», pp. 241-242, prefiere hablar mejor de un morfema *inter-* con dos alomorfos: *inter-*, para formaciones cultas (*interdental*) y *entre-*, de formación popular (*entresacar*). Por su parte, M. F. LANG, *Formación*..., pp. 228-229, prefiere independizar uno y otro sufijo, si bien hace una observación que asumimos por completo. Curiosamente, aunque las formas en *inter-* deberían ser arcaicas, se ha producido en los últimos años una gran utilización en la lengua hablada de formas con el prefijo latino: *interdependencia, intercomunicación, interestatal,* (partidos) *interclubs,* (encuentros) *interzonas.*

{*pos-data*} (posdata) «Lo que *se añade* a una carta ya concluida y firmada».

2. *Aspectos formales.* Alternan libremente la grafía culta con la moderna. La costumbre del que escribe es la que determina la elección en la mayor parte de los casos.

3. *Plano gramatical.* Se combina fundamentalmente con adjetivos; en ocasiones, con sustantivos:

[*post*-[*dorsal*]$_{Adj}$]$_{Adj}$ (postdorsal), [*pos*-[*tónico*]$_{Adj}$]$_{Adj}$ (postónico); [*pos*-[*data*]$_N$]$_N$.

sub-/so-

1. *Valor semántico.* «Bajo, debajo. Puede denotar acción secundaria, inferioridad u orden posterior»:

{*sub-marino*} (submarino) «Que está *bajo* la superficie del mar» {*sub-suelo*} (subsuelo) «Terreno que está *debajo de* la capa laborable o, en general, *debajo de* una capa de la tierra»;

{*so-cavar*} (socavar) «Excavar *por debajo* [alguna cosa] dejándola en falso».

2. *Aspectos form*ales. El alomorfo más regular, más frecuente, es *sub-*. *So-* se ha gramaticalizado en multitud de casos: {*soez*} (← *so-* + *hez*), {*sobaco*} (← *sub-* + *brachium*).

3. *Plano gramatical.* Se combina con bases nominales, adjetivas y verbales:

[*sub*-[*director*]$_N$]$_N$ (subdirector), [*sub*-[*teniente*]$_N$]$_N$ (subteniente); [*sub*-[*urbano*]$_{Adj}$]$_{Adj}$ (suburbano), [*sub*-[*acuático*]$_{Adj}$]$_{Adj}$ (subacuático); [*so*-[*cavar*]$_V$]$_V$, [*sub*-[*arrendar*]$_V$]$_V$ (subarrendar).

super-/sobre-

1. *Valor semántico.* «Encima de» o, por extensión, «superioridad»:

{*super-poner*} (superponer) «Poner *encima*»;

{*super-estructura*} (superestructura) «Parte de una construcción que *está por encima del* suelo»;

{*sobre-faz*} (sobrefaz) «*Superficie* o cara exterior de las cosas»;

{*sobre-cubierta*} (sobrecubierta) «Cubierta que se pone *sobre* las tapas de un libro».

2. *Aspectos formales.* Generalmente los dos alomorfos –culto, *super-*, y de evolución normal en la lengua, *sobre*– aparecen en distribución complemen-

taria, si bien no faltan casos de dobletes: *sobreponer-superponer, sobreviviente-superviviente*.

3. *Plano gramatical.* Se adjunta a bases nominales y verbales: [*super-*[*posición*]ₙ]ₙ (superposición), [*sobre-*[*precio*]ₙ]ₙ; [*super-*[*poner*]ᵥ]ᵥ, [*sobre-*[*volar*]ᵥ]ᵥ (sobrevolar).

trans-/tras-

1. *Valor semántico.* «Al otro lado, en la parte opuesta»:

{*trans-atlántico*} (transatlántico) «De las regiones situadas *al otro lado* del atlántico»;

{*trans-portar*} (transportar) «Llevar [una cosa] de *un lugar a otro*»;

{*tras-pasar*} (traspasar) «Pasar *a la otra parte* [de alguna cosa];

{*tras-poner*} (trasponer) «Poner [a una persona o cosa] *en lugar diferente*».

2. *Aspectos formales.* La distribución totalmente libre de estos dos alomorfos se explica por la fuerte tendencia de la lengua a reducir el grupo [-ns-] a [-s-]. A pesar de todo, el uso va consolidando algunas formas: *trasnochar, traspasar,* por ejemplo.

3. *Plano gramatical.* Se adjunta a bases verbales, adjetivas o sustantivas: [*trans-*[*formar*]ᵥ]ᵥ (transformar), [*trans-*[*literar*]ᵥ]ᵥ (transliterar); [*trans-*[*pirenaico*]ₐdⱼ]ₐdⱼ (transpirenaico), [*tran(s)-*[*siberiano*]ₐdⱼ]ₐdⱼ (transiberiano);

[*trans-*[*acción*]ₙ]ₙ (transacción), [*tras-*[*tienda*]ₙ]ₙ (trastienda).

ultra-

1. *Valor semántico.* Elemento prefijal que entra en la formación de palabras con el significado de «mas allá, al otro lado de»:

{*ultra-mar*} (ultramar) «País o territorio colonial de *allende* el mar»;

{*ultra-montano*} (ultramontano) «Que está *allende* los montes».

2. *Aspectos formales.* No presenta alteraciones formales.

3. *Plano gramatical.* Se combina con nombres y adjetivos, si bien en la actualidad apenas si mantiene de forma fosilizada el valor semántico que aquí le hemos concedido:

[*ultra-*[*mar*]ₙ]ₙ, [*ultra-*[*puertos*]ₙ]ₙ (ultrapuertos);

[*ultra-*[*montano*]ₐdⱼ]ₐdⱼ, [*ultra-*[*mundano*]ₐdⱼ]ₐdⱼ (ultramundano).

vice-

1. *Valor semántico*. «En lugar de, que hace las veces de». Por extensión, en la actualidad se alterna con *sub-,* cuando se refiere a cargos desempeñados por una determinada persona, de donde se entiende que «el inmediatamente *inferior* a (y que, en su ausencia, hace las veces de)»:

{*vice-decano*} (vicedecano) «aquel que desempeña el cargo inmediatamente inferior al decano (y que, en ausencia de éste, desempeña sus funciones – hace las veces de decano–)»;

{*vice-presidente*} (vicepresidente) «aplícase a todo aquel que desempeña el cargo inmediatamente inferior al presidente (y que, en ausencia de éste, desempeña sus funciones –hace las veces de presidente–)»[13].

2. *Aspectos formales.* Con el valor tradicional se encuentran algunas variantes puntuales: *vi-* en *virrey* («el que, con ese título, gobierna en nombre y con autoridad de rey») o *viz-,* con pérdida de *-e* final, en *vizconde* («Persona que el conde ponía por teniente o sustituto con sus veces y autoridad». También, «título nobiliario inferior al de conde»). En el resto de los casos, se mantiene la forma *vice-*.

3. *Plano gramatical.* Se combina con sustantivos:

[*vice-*[*canciller*]$_N$]$_N$ (vicecanciller), [*vice-*[*gerencia*]$_N$]$_N$.

3.1.3. *Prefijos temporales*

ante-

1. *Valor semántico*. «Anterioridad en el orden del tiempo»:

{*ante-meridiano*} (antemeridiano) «*Anterior* al mediodía»;

{*ante-pasado*} (antepasado) «Relativo al *tiempo anterior* a otro tiempo ya pasado».

---

13. Normalmente *sub-* y *vice-* con este valor moderno se encuentran en distribución complementaria. Queremos decir que si existe la forma *vicepresidente* no se da el término **subpresidente;* lo mismo ocurre con *viceministro* (*subministro) o *vicedecano* (*subdecano). Sin embargo, he constatado una curiosa excepción en el ámbito de la enseñanza. En los Institutos de enseñanzas medias se habla de *vicedirector* del Instituto, cuando el término más extendido en referencia a *director* es *subdirector*.

2. *Aspectos formales.* No presenta alteraciones formales[14].
3. *Plano gramatical.* Puede adjuntarse a verbos y adjetivos. Ocasionalmente, a adverbios:

[ante-[*pagar*]$_V$]$_V$ (antepagar), [*ante-*[*venir*]$_V$]$_V$ (antevenir);
[*ante(i)-*[*diluviano*]$_{Adj}$]$_{Adj}$, [*ante-*[*pasado*]$_{Adj}$]$_{Adj}$;
[*ante-*[*ayer*]$_{Adv}$]$_{Adv}$ (anteayer), [*ante-*[*anoche*]$_{Adv}$]$_{Adv}$ (anteanoche).

pos-/post-

1. *Valor semántico.* «Posterioridad en el tiempo»:
{*post-meridiano*} (postmeridiano) «*Posterior* al mediodía. Relativo a la tarde»;
{*pos(t)-operatorio*} (pos(t)operatorio) «Que se produce o se aplica *después* de una operación quirúrgica».
2. *Aspectos formales.* La forma culta y la popular alternan libremente, a elección del hablante.
3. *Plano gramatical.* Se combina especialmente con adjetivos y sustantivos; en ocasiones, con verbos:

[*post-*[*meridiano*]$_{Adj}$]$_{Adj}$, [*post-*[*escolar*]$_{Adj}$]$_{Adj}$ (postescolar);
[*pos-*[*fecha*]$_N$]$_N$ (posfecha), [*pos-*[*café*]$_N$]$_N$ (poscafé);
[*pos-*[*poner*]$_V$]$_V$ (posponer).

pre-

1. *Valor semántico.* «Anterioridad en el tiempo, antelación»:
{*pre-decir*} (predecir) «Anunciar por revelación, ciencia o conjetura [*algo que ha de suceder*]»;
{*pre-elegir*} (preelegir) «Elegir [a uno] *con anticipación,* predestinar».
2. *Aspectos formales.* No presenta alteraciones formales.
3. *Plano gramatical.* Se adjunta a bases verbales, adjetivas o sustantivas:

[*pre-*[*figurar*]$_V$]$_V$ (prefigurar), [*pre-*[*existir*]$_V$]$_V$ (preexistir);
[*pre-*[*existencia*]$_N$]$_N$ (preexistencia), [*pre-*[*dorso*]$_N$]$_N$ (predorso);
[*pre-*[*clásico*]$_{Adj}$]$_{Adj}$ (preclásico), [*pre-*[*escolar*]$_{Adj}$]$_{Adj}$ (preescolar).

---

14. Si exceptuamos la salvedad que hicimos con anterioridad respecto a la forma *antidiluviano.*

3.1.4. *Prefijos de intensificación*

archi-

1. *Valor semántico.* Elemento prefijal procedente del verbo griego *archo*, «ser el primero, mandar». Con sustantivos denota preeminencia, si bien modernamente se usa con adjetivos denotando «muy»:

{*archi-laúd*} (archilaúd) «Instrumento de cuerda parecido al laúd, pero *de mayor tamaño*»;

{*archi-pámpano*} (archipámpano) «Persona que ejerce *gran dignidad o autoridad* imaginaria».

2. *Aspectos formales.* No presenta alteraciones formales.

3. *Plano gramatical.* A pesar de combinarse con bases sustantivas, la tendencia en la lengua actual consiste en la adjunción a bases adjetivas:

[*archi*-[*cofradía*]$_N$]$_N$ (archicofradía), [*archi*-[*diócesis*]$_N$]$_N$ (archidiócesis); [*archi*-[*millonario*]$_{Adj}$]$_{Adj}$ (archimillonario), [*archi*-[*famoso*]$_{Adj}$]$_{Adj}$ (archifamoso).

extra-

1. *Valor semántico.* Valor hiperbólico e intensificador, «muy», derivado de un uso extensivo de su significado habitual «fuera de»:

{*extra-fino*} (extrafino) «*Muy* fino»;

{*extra-resistente*} (extrarresistente) «*Muy* resistente».

2. *Aspectos formales.* No presenta alteraciones formales.

3. *Plano gramatical.* La utilización de *extra-* como formativo hiperbólico se limita a bases adjetivas:

[*extra*-[*divertido*]$_{Adj}$]$_{Adj}$ (extradivertido), [*extra*-[*elevado*]$_{Adj}$]$_{Adj}$ (extraelevado)[15].

hiper-

1. *Valor semántico.* En general posee el valor de «superioridad», pero en la lengua coloquial se suele utilizar con valor intensivo:

---

15. El hecho de que estas formas no aparezcan en los diccionarios confirma su carácter coloquial, su pertenencia a la lengua hablada.

{*hiper-sensible*} (hipersensible) «Que tiene *mayor* sensibilidad de la normal»;
{*hiper-tensión*} (hipertensión) «Tensión arterial *superior* a la normal».

2. *Aspectos formales.* No presenta alteraciones formales.

3. *Plano gramatical.* En líneas generales, se combina con sustantivos y adjetivos. Es de reciente uso la extensión del prefijo a bases verbales, produciendo un significado próximo al de un adverbio[16]:

[*hiper-[acidez*]$_N$]$_N$ (hiperacidez), [*hiper-[nacionalismo*]$_N$]$_N$ (hipernacionalismo); [*hiper-[crítico*]$_{Adj}$]$_{Adj}$ (hipercrítico), [*hiper-[activo*]$_N$]$_N$ (hiperactivo); [*hiper-[proteger*]$_V$]$_V$ (hiperproteger), [*hiper-[industrializar*]$_V$]$_V$ (hiperindustrializar).

re-

1. *Valor semántico.* En su uso hiperbólico, refuerza el sentido del primitivo al que se antepone[17]:

{*re-bueno*} (rebueno) «*Muy* bueno»;
{*re-bonito*} (rebonito) «*Muy* bonito».

2. *Aspectos formales.* No presenta alteraciones formales[18].

3. *Plano gramatical.* Se combina preferentemente con adjetivos y, ocasionalmente, con determinados adverbios:

[*re-[guapo*]$_{Adj}$]$_{Adj}$ (reguapo), [*re-[salado*]$_{Adj}$]$_{Adj}$ (resalado); [*requete-[guapo*]$_{Adj}$]$_{Adj}$ (requeteguapo), [*requete-[salado*]$_{Adj}$]$_{Adj}$ (requetesalado); [*re-[bien*]$_{Adv}$]$_{Adv}$ (rebién), [*re [mal*]$_{Adv}$]$_{Adv}$; [*requete-[bien*]$_{Adv}$]$_{Adv}$ (requetebién), [*requete-[mal*]$_{Adv}$]$_{Adv}$ (requetemal).

16. *Apud* M. F. LANG, *Formación...*, p. 235.

17. No debemos olvidar su valor primario, iterativo, «volver a»: *re-hacer* (rehacer) «Hacer de nuevo»; *re-comenzar* (recomenzar) «Volver a comenzar», siempre asociado a verbos con este valor.

18. M. F. LANG, *Formación...*, p. 236, señala el alomorfo *requete-*, que daría lugar a formas del tipo: *requetebueno, requetebarato* –esta última sin posibilidad de elección frente a **rebarato*–. ¿Tal vez podría hablarse de una suerte de *morfema reduplicativo,* poco común en nuestra lengua? (*Vid.* A. ALONSO-CORTÉS, *Lingüística General,* p. 139: «El español no desconoce formaciones de este tipo. Con la raíz *ti-: titiritar; ño-, ñoño; fo-, fofo; pi-, pipigallo, pipiritaina,* etc.»). Con todo, hemos de admitir que en *requete-* no se produce exactamente una reduplicación del segmento, sino más bien una ampliación de su cuerpo fónico, pero sin duda con el mismo valor de intensificación que se puede apreciar en los ejemplos aducidos por Alonso-Cortés.

super-

1. *Valor semántico.* Con valor intensificador, denota «grado sumo, exceso, demasía»:

{*super-fino*} (superfino) «*Muy* fino»;

{*super-abundancia*} (superabundancia) «Abundancia *muy grande*».

2. *Aspectos formales.* Aquí, sólo se utiliza el alomorfo culto *super-,* siendo residual el empleo de *sobre-*.

3. *Plano gramatical.* Preferentemente se combina con bases sustantivas y adjetivas, siendo más escasa su adjunción a bases verbales:

[*super-*[*producción*]$_N$]$_N$ (superproducción), [*super-*[*potencia*]$_N$]$_N$ (superpotencia);

[*super-*[*secreto*]$_{Adj}$]$_{Adj}$ (supersecreto), [*super-*[*malo*]$_{Adj}$]$_{Adj}$ (supermalo);

[*super-*[*criticar*]$_V$]$_V$ (supercriticar), [*super-*[*armar*]$_V$]$_V$ (superarmar).

ultra-

1. *Valor semántico.* Posee un valor extensivo de su significado primario «más allá (de)» de carácter intensivo. Para M. F. Lang, «*ultra-* se asemeja funcionalmente a *extra-* y *super-,* pero actúa en campos técnicos especializados, como la física y la electrónica»[19]:

{*ultra-rápido*} (ultrarrápido) «*Muy* rápido»;

{*ultra-ligero*} (ultraligero} «*Muy* ligero».

2. *Aspectos formales.* No presenta alteraciones formales.

3. *Plano gramatical.* Se combina invariablemente con bases adjetivas:

[*ultra-*[*plano*]$_{Adj}$]$_{Adj}$ (ultraplano), [*ultra-*[*corto*]$_{Adj}$]$_{Adj}$ (ultracorto).

3.1.5. *Prefijos de cantidad y tamaño*

Los prefijos pertenecientes a este grupo suelen proceder originariamente del griego o del latín, es decir, son cultos. Presentan un elevado grado de utilización en el ámbito tecnológico, comercial y científico. Su inclusión en el presente estudio se debe precisamente a la utilización que de ellos se hace en el léxico actual. De entre ellos merecen ser destacados los siguientes:

19. M. F. LANG, *Formación...,* p. 236.

bi-/bis-

1. *Valor semántico.* «Dos, dos veces, el doble»:

{*bi-anual*} (bianual) «Que ocurre *dos veces* al año»;

{*bi-cromía*} (bicromía) «Impresión o grabado en *dos* colores».

2. *Aspectos formales.* Se emplea el alomorfo *bis-* cuando el morfema siguiente comienza por vocal:

{*bis-abuelo*} (bisabuelo), {*bis-anua*} (bisanua).

Esta forma posee, a su vez, la variante *biz-,* que se utiliza en algunos casos puntuales (*bizcocho*), {*biznieto*} (biznieto) –también *bisnieto*–. Finalmente, *bi-* ocurre cuando el morfema siguiente comienza por consonante:

{*bi-sector*} (bisector), {*bi-semanal*} (bisemanal), {*bi-mensual*} (bimensual)[20].

3. *Plano gramatical.* Fundamentalmente se combina con elementos nominales (sustantivos y adjetivos):

[*bi*-[*sexual*]$_{Adj}$]$_{Adj}$ (bisexual), [*bi*-[*unívoco*]$_{Adj}$]$_{Adj}$ (biunívoco);

[*bi*-[*sulfuro*]$_N$]$_N$ (bisulfuro), [*bi*-[*tonalidad*]$_N$]$_N$ (bitonalidad).

Sólo se documenta su adjunción a bases verbales de forma esporádica:

[*bi*-[*secar*]$_V$]$_V$ (bisecar). Cultismo de carácter técnico utilizado en el ámbito de la geometría, cuyo significado es «dividir una figura en dos partes iguales»;

[*bi*-[*segmentar*]$_V$]$_V$ (bisegmentar). Al igual que en el caso anterior, se trata de un tecnicismo, cuyo significado es «dividir en dos segmentos una cosa».

mini-

Se trata de un prefijo que no aparece mencionado en los tratados al uso sobre Morfología del español, tal vez porque –como reconoce Chris Pratt– se trata de un elemento de origen extranjero (inglés), que aparece en formas como *minifalda*[21]. Su valor semántico es el de «pequeño». Especialmente utiliza-

---

20. El propio A. QUILIS señala la excepción *bianual,* justificada a su juicio por semejanza –analogía– con *bimensual* o *bisemanal.* Con todo, se documentan otros contraejemplos fuera del ámbito temporal: por ejemplo, *biauricular* (*bisauricular). Es de suponer, aunque A. QUILIS no lo menciona explícitamente, que la excepción *bisnieto-biznieto* se deba también a analogía con *bisabuelo, bisabuela.*

21. Chris PRATT (1980), *El anglicismo en el español peninsular contemporáneo,* Gredos, Madrid, p. 191.

do en el lenguaje comercial y periodístico: *miniapolo* (*apolo* es el nombre comercial de un helado), *miniestablecimiento, miniespacio* (*espacio* aquí significa «programa de televisión» –también se da la forma *miniprograma*–), *miniparrilla*, etc.

mono-/mon-

1. *Valor semántico.* Posee el significado de «único, uno solo»:
{*mono-atómico*} (monoatómico) «Que sólo contiene *un* átomo»;
{*mono-cromático*} (monocromático) «De *un solo* color».
2. *Aspectos formales.* El alomorfo *mon-* se utiliza delante de morfemas que comienzan por la vocal *o*:
{*mon-óculo*} (monóculo), {*mon-ocular*} (monocular).
3. *Plano gramatical.* Se combina con bases nominales (sustantivas o adjetivas):
[*mono-*[*cultivo*]$_N$]$_N$ (monocultivo); [*mono-*[*patín*]$_N$]$_N$ (monopatín);
[*mon-*[*ocular*]$_{Adj}$]$_{Adj}$, [*mono-*[*atómico*]$_{Adj}$]$_{Adj}$ (monoatómico).

multi-

1. *Valor semántico.* Expresa «abundancia, variedad, pluralidad»:
{*multi-racial*} (multirracial) «Compuesto por personas de *diversas* razas»;
{*multi-nacional*} (multinacional) «Relativo a *varias* naciones».
2. *Aspectos formales.* No presenta alteraciones formales.
3. *Plano gramatical.* Se adjunta preferentemente a bases adjetivas, si bien no es ajeno a combinarse con sustantivos:
[*multi-*[*celular*]$_{Adj}$]$_{Adj}$ (multicelular); [*multi-*[*millonario*]$_{Adj}$]$_{Adj}$ (multimillonario);
[*multi-*[*procesador*]$_N$]$_N$ (multiprocesador), [*multi-*[*programador*]$_N$]$_N$ (multiprogramador).

pluri-

1. *Valor semántico.* Expresa «multiplicidad, variedad, diversidad»[22]:

---

22. Por tanto, es sinónimo de *multi-* y, en ocasiones, puede dar lugar a dobletes: *multicelular / pluricelular.*

{*pluri-valente*} (plurivalente) «Que tiene *múltiples* valores»;
{*pluri-anual*} (plurianual) «Que se refiere o extiende a *varios* años».
2. *Aspectos formales.* No presenta alteraciones formales.
3. *Plano gramatical.* Se combina con bases sustantivas y adjetivas:
[*pluri-[celular*]Adj]Adj, [*pluri-[disciplinar*]Adj]Adj (pluridisciplinar);
[*pluri-[empleo*]N]N (pluriempleo), [*pluri-[partidismo*]N]N (pluripartidismo).

semi-

1. *Valor semántico.* Posee el significado de «medio, casi»:
{*semi-círculo*} (semicírculo) «*Mitad* del círculo separada por un diámetro»;
{*semi-corchea*} (semicorchea) «Nota musical cuyo valor es *la mitad* de una corchea».
2. *Aspectos formales.* No presenta alteraciones formales.
3. *Plano gramatical.* Se combina con bases nominales (adjetivas y sustantivas):
[*semi-[cilindro*]N]N (semicilindro), [*semi-[final*]N]N (semifinal);
[*semi-[culto*]Adj]Adj (semiculto), [*semi-[lunar*]Adj]Adj (semilunar).

uni-

1. *Valor semántico.* «Uno solo»[23]:
{*uni-direccional*} (unidireccional) «Que tiene o va en *una sola* dirección»;
{*uni-familiar*} (unifamiliar) «Que corresponde a *una sola* familia».
2. *Aspectos formales.* No presenta alteraciones formales.
3. *Plano gramatical.* Se combina preferentemente con bases adjetivas.
Parece que, a diferencia de *mono-,* rechaza la adjunción a sustantivos:
[*uni-[lateral*]Adj]Adj (unilateral), [*uni-[nucleado*]Adj]Adj (uninucleado).

---

23. Esto quiere decir –como en el caso de *pluri-/multi*– que posee un valor sinónimo al de *mono-,* dando también lugar a dobletes: *monocelular / unicelular.*

PREFIJO	ALOMORFOS	COMBINA CON	SIGNIFICA
{an-}	/an-/ anaerobio /a-/ anormal	N asindicalismo Adj apolítico	Negación
{ante-}	/ante-/ antecapilla	N antesala V anteponer Adj ante(/i)diluviano V antepagar Adv anteayer	Anterioridad en el espacio Anterioridad en el tiempo
{anti-}	/anti-/ anticlerical	N anticuerpo Adj antieconómico	Oposición, contrariedad
{archi-}	/archi-/ archilaúd	N archicofradía Adj archimillonario	Preeminencia (sust.) «Muy» (adj.)
{bis-}	/bis-/ bisabuelo /bi-/ bimensual	N bisulfuro Adj bisexual V bisegmentar	Dos, el doble
{circun-}	/circun-/ circunvecino /circum-/ circumpolar	N circunnavegación Adj circunyacente V circunvolar	«Alrededor»
{contra-}	/contra-/ contrabloqueo	N contraespionaje Adj contraproducente V contradecir	Cosa contraria u opuesta
{des-}	/des-/ desembotar /dis-/ disculpar /de-/ degenerar	N desunión Adj descontento V desoír	Privación, negación, inversión del significado de la forma base

PREFIJO	ALOMORFOS	COMBINA CON	SIGNIFICA
{ex-}	/ex-/ exheredar	N ex-alumno Adj ex-monárquico V exculpar	Negación, privación
{extra-}	/extra-/ extraoficial	Adj extralitúrgico Adj extrafino	Valor negativo Valor intensificador
{hiper-}	/hiper-/ hipersensible	N hiperacidez Adj hipercrítico V hiperproteger	«Muy», intensificación
{in-}	/in-/ inaceptable /im-/ imposible /i-/ ilegal	Adj irreal V incapacitar	Privación, negación
{infra-}	/infra-/ infraestructura	N infrasonido Adj infrahumano V infravalorar	Debajo de, (parte) inferior
{inter-}	/inter-/ intercambio /entre-/ entrebarrera	N entrepierna Adj interurbano V entremeter	Situación intermedia
{mini-}	/mini-/ minifalda	N miniespacio	«Pequeño, corto»
{mono-}	/mono-/ monoatómico /mon-/ monocular	N monopatín Adj monosilábico	«único, uno solo»
{multi-}	/multi-/ multirracial	Adj multimillonario	Diversidad, pluralidad
{pluri-}	/pluri-/ pluridisciplinar	N pluriempleo Adj plurivalente	Multiplicidad, variedad

PREFIJO	ALOMORFOS	COMBINA CON	SIGNIFICA
{post-}	/post-/ postpalatal /pos-/ postónico	N posdata Adj postdorsal	Posterioridad en el espacio
		N poscafé Adj postescolar V posponer	Posterioridad en el tiempo
{pre-}	/pre-/ preexistir	N preexistencia Adj preclásico V predecir	Anterioridad en el tiempo
{re-}	/re-/ rebonito (/requete-/) requetebonito	Adj reguapo / requeteguapo Adv rebién / requetebién	Valor hiperbólico, «muy»
{semi-}	/semi-/ semifinal	N semicírculo Adj seminuevo	«Medio, casi»
{sub-}	/sub-/ subsuelo /so-/ socavar	N subdirector Adj suburbano V subarrendar	«Bajo, debajo»
{super-}	/super-/ superponer /sobre-/ sobrevalorar	N superestructura V sobrevolar	Superioridad, «encima de»
	/super-/ supersecreto	N superheroe Adj superbonito V supercriticar	Valor intensificador, hiperbólico, exceso, demasía
{trans-}	/trans-/ transatlántico /tras-/ traspasar	N transacción Adj transiberiano V transliterar	«Al otro lado, en la parte opuesta»
{ultra-}	/ultra-/ ultramar	N ultrapuertos Adj ultramontano	«Más allá, al otro lado de»
		Adj ultrarrápido	Valor hiperbólico

PREFIJO	ALOMORFOS	COMBINA CON	SIGNIFICA
{uni-}	/uni-/ unifamiliar	Adj unilateral	«Uno, uno solo»
{vice-}	/vice-/ vicedecano (/viz-/) vizconde (/vi-/) virrey	N vicepresidente	«En lugar de, que hace las veces de»

3.2. SUFIJACIÓN

Como en los apartados precedentes, pondremos en práctica una orientación de carácter sincrónico en la exposición que de los sufijos del español vamos a establecer. Con todo, no debemos olvidar la particularidad característica del componente morfológico de la gramática. En este sentido, el profesor Lapesa advertía de las dificultades que entraña la elaboración de un trabajo como el que nos ocupa:

> «Teóricamente, el estudio de la derivación puede hacerse desde el punto de vista diacrónico o sincrónico: en el primer caso deberá ocuparse de los sufijos que una lengua ha heredado, incorporado o creado, teniendo en cuenta sus distintos orígenes, las vías que han seguido en su herencia o incorporación, los cambios experimentados en su significante y en su significado (...) y de su mayor o menor productividad, distinguiendo los que siguen vigentes y los que ya no lo están. El estudio sincrónico registrará los sufijos que en un momento dado existen con plena vigencia, subsisten con alguna o empiezan a aflorar (...); conllevará el análisis fonológico, funcional y semántico de cada sufijo o terminación (...); pero si en cualquier dominio del lenguaje es difícil explicar el estado o situación de un fenómeno sin recurrir a sus antecedentes, en el caso de la derivación es imposible»[24].

En efecto, con frecuencia un sufijo o terminación actual es el resultado en que confluyen sufijos o terminaciones antaño distintos que, a consecuencia de sus respectivos cambios fonológicos, han llegado a tener un significante

---

24. Rafael LAPESA (1986), «Prólogo» a Salvador Fernández Ramírez, *La derivación nominal,* ordenado, anotado y dispuesto por Ignacio BOSQUE, Anejo XL del *Boletín de la Real Academia Española,* Madrid, pp. 7-11 (La cita corresponde a las pp. 7-8).

común, pero manifiestan privativamente distinta vitalidad o restos de su función o significado originarios[25].

De este modo, no es extraño que, unas páginas más adelante, I. Bosque concluya:

> «La morfología derivativa es una de las disciplinas en la que las fronteras que separan sincronía y diacronía se nos muestran más tenues»[26].

A pesar de estas premisas, insistimos en nuestro enfoque sincrónico –con las obligadas referencias al plano diacrónico– en función de los fines en los que se enmarca la presente obra. Y en esto ya nos alejamos de uno de los pocos trabajos de conjunto –aunque excelente– que se han publicado sobre la formación de palabras en español. En efecto, como el propio compilador de la obra de S. Fernández Ramírez reconoce en su introducción, se trata aquél de un trabajo concebido desde la perspectiva diacrónica:

> «Se observará que el criterio general utilizado es el histórico»[27].

Nos queda, por tanto, el recurso de tomar como base de trabajo la obra de M. F. Lang –ya citada en no pocos lugares–, por más que, como ya hemos advertido, una de sus principales carencias haya sido, precisamente, la falta de perspectiva diacrónica. Intentaremos, en la medida de lo posible, aunar ambos criterios.

Si en el apartado correspondiente a los prefijos nos ha guiado un criterio de ordenación semántico, parece interesante ahora cambiar tal criterio estableciendo otro, de carácter gramatical. En efecto, una de las principales diferencias que se han señalado entre la prefijación y la sufijación consiste en que la primera no supone un cambio de categoría de la base sobre la que se adjunta el elemento prefijal. Por contra, en la segunda sí puede producirse metábasis. Dicho en otras palabras, el sufijo impone su categoría a la nueva forma-

---

25. Repásese a este respecto lo referido con relación al término *prefijoide* (*ut supra,* p. 56) o cuando llevamos a cabo la selección de prefijos que hemos señalado anteriormente (p. 79).

26. I. Bosque (1986), «Prefacio» a Salvador Fernández Ramírez, *La Derivación...,* pp. 13-16 (La cita corresponde a la p. 15).

27. I. Bosque, «Prefacio», p. 15.

ción. En este sentido, cabe hablar de sufijos nominalizadores (que dan lugar a procesos de nominalización), adjetivizadores (procesos de adjetivización), adverbializadores (procesos de adverbialización) y verbalizadores (procesos de verbalización). Esto significa, pues, que la presencia de un determinado sufijo da lugar a la formación de nombres, adjetivos, adverbios y verbos derivados, independientemente de la categoría a la que originalmente perteneciese la forma primitiva. No obstante, el criterio de clasificación también tendrá en cuenta la categoría de la forma básica.

Con todo, el aspecto puramente semántico tampoco quedará completamente en el olvido. En efecto, los distintos estudiosos coinciden en distinguir dos tipos de sufijación atendiendo precisamente a cuestiones de índole significativa. Se trata de la llamada *sufijación apreciativa* por oposición a la denominada *sufijación no apreciativa*.

3.2.1. *Sufijación apreciativa y sufijación no apreciativa*

Se suele denominar *sufijos apreciativos, afectivos* o *expresivos* a aquellos que alteran de modo fundamental (y no marginal) el significado de la forma básica a la que se añaden. Además, no suelen cambiar la categoría sintáctica de ésta.

Por más que se establezca una clasificación inicial de los sufijos apreciativos atendiendo a su significado, no faltan autores que llaman la atención sobre el hecho de que en lenguas como el español su significado es vacilante y depende en gran manera del contexto en el que se enuncien. Por ejemplo, un sufijo *diminutivo* como *-ito* puede tener diversos valores contextuales:

¡Vaya *cochecito* que te has comprado!
puede indicar:

a) El coche es pequeño (diminutivo);
b) El coche es grande (aumentativo) –expresión irónica, *antífrasis*–;
c) El coche es de mala calidad, incómodo, antiguo, barato...
d) El coche es de buena calidad, cómodo, rápido, caro... –expresión irónica–[28].

---

28. Como muy bien señala M. F. LANG, *Formación...*, p. 128, «La intención del hablante, en función del énfasis o el tono de voz, puede alterar el significado exacto: *¡Qué españolaza!* podría

No obstante, se pueden establecer los siguientes apartados dentro de los llamados *sufijos apreciativos:*

1) *Diminutivos:* aquellos que transmiten una idea de pequeñez (y, por extensión, de afectividad);

2) *Aumentativos:* aquellos que implican amplia dimensión, grandiosidad;

3) *Peyorativos:* aquellos que significan lo desagradable, lo ridículo.

Por más que en lo sucesivo aceptemos esta clasificación, observaremos que los límites entre estos valores muchas veces se transgreden[29].

3.2.2. *El problema de los interfijos*

No es ésta la única dificultad que presenta la sufijación apreciativa –la compleja determinación del valor semántico que encierra cada sufijo–, sino que también desde la perspectiva puramente formal da lugar a ciertas irregularidades que, a su vez, no son ajenas a la sufijación en general. Nos referimos a la presencia de un segmento intermedio (fonema o sílaba) no etimológicamente fundamentado y que se sitúa entre la raíz (forma básica) y el sufijo. Este elemento se ha denominado *interfijo* desde que Yakov Malkiel, en un celebrado trabajo, lo empleó para denominar al

> «elemento siempre átono y falto de significado propio, entre el radical y el sufijo de ciertos derivados, por ejemplo, el elemento *-ar-* en *hum-ar-eda, polv-ar-eda,* palabras que no es lícito descomponer en *humar-* y *polvar-eda* por no existir ni haber existido nunca, que sepamos, las fases intermedias **humar-, *polvar-* como formaciones independientes»[30].

interpretarse como ponderación (*¡Qué españolaza más guapa, más impresionante!*) o como desprecio (*¡Qué españolaza más gorda, más fea!*)».

29. *Vid.* a este respecto F. A. LÁZARO MORA (1981), «Los derivados sustantivos con -ete/-eta», en *Boletín de la Real Academia Española,* LXI, pp. 481-496. «La derivación con sufijos que connotan afectivamente es muy rica en español y, salvo en el caso de los diminutivos, ha sido poco explorada. Tales sufijos se agrupan tradicionalmente bajo tres únicas rúbricas semánticas, las de aumentativos, diminutivos y despectivos, *designaciones que sólo de una manera tosca convienen a multitud de derivados, y que no siempre definen entidades bien diferenciadas*» (La cita corresponde a la p. 481. El subrayado es nuestro).

30. Yakov MALKIEL (1958), «Los interfijos hispánicos. Problema de lingüística histórica y estructural», en *Miscelánea Homenaje a André Martinet,* II, Universidad de La Laguna, La Laguna, pp. 107-199 (La cita corresponde a la p. 107).

Dentro de los interfijos, el propio Malkiel establece una división, distinguiendo entre un *infijo anterior* o *postprefijo* (*en-s-anch-ar*), muy raro en español, y un *infijo posterior* o *antesufijo* (*polv-ar-eda*), bastante más común. Nosotros centraremos nuestro estudio en estos últimos. Con todo, la parte más controvertida de esta unidad se refiere al estatuto morfológico que posee. En efecto, Malkiel lo considera un *morfema,* pero como el morfema es la unidad mínima con significación propia, y el *interfijo* carece, por definición, de cualquier tipo de significado, le obliga a considerarlo como «morfema residual» o «morfema marginal».

En todo caso, conviene no confundir los conceptos de *interfijo* (al que venimos aludiendo) e *infijo,* error que cabe achacar a no pocos críticos, entre otros al propio M. F. Lang en la edición original inglesa de su obra[31]. En este sentido, merece la pena citar la clarividencia que muestra A. Alonso-Cortés a la hora de distinguir por completo ambos conceptos:

> «El latín introduce un elemento (infijo) en ciertos morfemas: *viko* → *vink-; fid-i* (perf.) → *findo; freg-i, frango.* La raíz aparece discontinua: *vi...k; fi...d; fra...g,* etc. (...) El español manifiesta interfijos en la formación del diminutivo: *nube* → *nube-Θ-ita* (**nubita*), *café-Θ-ito* (**cafito*), *sol-eΘ-ito* (también *solito*), *pie* → *pie-ΘeΘ-ito* (**pieito*)»[32].

José Portolés, por su parte, establece seis criterios para la determinación de *interfijos*[33]:

1) La interfijación pertenece a la Morfología derivativa (No se trata de un proceso morfológico de flexión);

2) El interfijo debe aparecer entre la base y el sufijo o la terminación verbal (se excluyen los *infijos*);

3) El interfijo es átono;

---

31. «Bound morphemes preposed to the primitive are prefixes, and those postposed are suffixes. Additionally, Spanish affixes are conventionally considered to include infixes, elements which appear internally in the derivational structure» (*Apud* M. F. LANG, *Spanish Word...,* p. 14).

32. A. ALONSO-CORTÉS, *Lingüística General,* pp. 138-139.

33. José PORTOLÉS (1988), «Sobre los interfijos en español», cito por la edición aparecida en el volumen misceláneo S. VARELA (ed.), *La formación...,* pp. 339-359.

4) No son interfijos los sufijos que pertenecen a cadenas sufijales. Dado que sobre una palabra derivada se puede formar un derivado secundario, el sufijo intermedio no puede considerarse como interfijo:

leche → lech-ero → lech-er-ía;

5) Se debe distinguir la interfijación de la estereotipia. No debe apreciarse, por tanto, interfijación en palabras como *verb-orragia,* creada por estereotipia a partir de términos como *hemorragia, blenorragia,* etc.[34];

6) No son interfijos los segmentos que, formando parte de extranjerismos o de voces latinas, no sirvan o hayan servido para la creación léxica en nuestra lengua. *Cafetería, tutear* no serían, por tanto, voces interfijadas, pues se trata de galicismos (fr. *cafetière, tutoyer*).

Por más que los dos últimos criterios resulten algo más oscuros y discutibles que los restantes, aceptamos las propuestas del profesor Portolés.

Lo lamentable, especialmente desde la perspectiva del proceso de aprendizaje del español como segunda lengua, es que no existen normas o reglas gramaticales que sean capaces de dar cuenta de los contextos en los que preferentemente se va a producir el fenómeno de la interfijación. Entendemos que el uso y progresivo conocimiento de la lengua española es el único y mejor medio que permite su adecuada determinación. A pesar de ello, la lista más completa que conocemos –y que incluye por igual términos pertenecientes a la sufijación apreciativa y a la no apreciativa– es la que proporciona el propio J. Portolés en el mencionado trabajo, y que reproducimos a continuación[35]:

A) *Interfijos seleccionados por sufijos nominales*

-AC-	*-ón*	mach-ac-ón
-ACH-	*-ar*	lod-ach-ar
	-ina	rod-ach-ina
	-ón	corp-ach-ón
-AD-	*-al*	sec-ad-al
	-ar	atoll-ad-ar

---

34. Cf. con *cosc-orr-ón, pint-orr-ear,* etc.
35. J. PORTOLÉS, «Sobre los interfijos...», pp. 349-352.

	-ero	sec-ad-ero
	-izo	enfad-ad-izo
	-or	acab-ad-or
	-ura	boton-ad-ura
-AG-	*-al*	torm-ag-al
	-án	zarz-ag-án
	-ero	terr-agu-ero
	-ón	rap-ag-ón
-AJ-	*-ero*	sob-aj-ero
	-ón	cag-aj-ón
	-oso	pic-aj-oso
-AL-	*-ache*	camb-al-ache
	-ada	camb-al-ada
	-era	cag-al-era
	-eta	pat-al-eta
	-ías	bob-al-ías
	-ina	bamb-al-ina
	-ón	mat-al-ón
	-uta	cag-al-uta
-ALL-	*-ón*	gat-all-ón
-AN-	*-ada*	boc-an-ada
	-era	tolv-an-era
	-oso	agu-an-oso
-ANC-	*-ón*	vej-anc-ón
-ANCH-	*-ín*	habl-anch-ín
	-ón	garg-anch-ón
-AND-	*-ero*	vol-and-ero
	-ón	pir-and-ón
	-ujo	pap-and-ujo
	-urria	mam-and-urria
	-usca	pel-and-usca
-ANT-	*-ada*	trag-ant-ada
	-ín	labr-ant-ín
	-ón	mam-ant-ón

-AR-	-acho	viv-ar-acho
	-ada	uñ-ar-ada
	-ajo	espum-ar-ajo
	-al	sec-ar-al
	-asca	hoj-ar-asca
	-ata	fog-ar-ata
	-ate	bot-ar-ate
	-az	lengu-ar-az
	-azo	cint-ar-azo
	-eda	hum-ar-eda
	-illa	salt-ar-illa
	-ón	llam-ar-ón
	-ota	pasm-ar-ota
	-uto	lang-ar-uto
-ARR-	-aco	bich-arr-aco
	-ado	nub-arra-ado
	-año	chaf-arr-año
	-azo	zap-arr-azo
	-ero	chinch-arr-ero
	-eta	jug-arr-eta
	-ón	mosc-arr-ón
	-ucha	pap-arr-ucha
	-uta	cag-arr-uta
-AT-	-el	bob-at-el
	-ero	vin-at-ero
	-ón	lim-at-ón
-AZ-	-al	lod-az-al
	-án	holg-az-án
	-ón	trab-az-ón
-ED-	-al	lam-ed-al
	-ero	com-ed-ero
	-or	venc-ed-or
	-izo	acog-ed-izo
	-ura	lam-ed-ura

-EG-	-ada	ventr-eg-ada
	-al	pedr-eg-al
	-oso	terr-eg-oso
-EJ-	-al	tern-ej-al
	-ar	sol-ej-ar
	-ero	call-ej-ero
	-ón	cep-ej-ón
-ELL-	-ada	dent-ell-ada
	-ar	panc-ell-ar
	-era	torm-ell-era
	-ón	merd-ell-ón
-END-	-ero	barr-end-ero
	-ón	quer-end-ón
-ENT-	-ón	corr-ent-ón
-ER-	-eta	volt-er-eta
	-ón	tem-er-ón
	-uela	oqu-er-uela
	-ujo	tap-er-ujo
-ERR-	-ón	beb-err-ón
-ET-	-ada	tijer-et-ada
	-al	roll-et-al
	-ón	bof-et-ón
-EΘ-	-ico	tern-ec-ico
	-illo	dient-ec-illo
	-ísimo	seri-ec-ísimo
	-ito	cuerp-ec-ito
	-ote	pie-c-ez-ote
	-ucha	flor-ez-ucha
	-uelo	niet-ez-uelo
-Θ-	-ejo	villan-c-ejo
	-ete	ladron-c-ete
	-ico	villan-c-ico
	-illo	limon-c-illo
	-ísimo	bribon-c-ísimo

	-ote	camion-z-ote
	-ucho	ladron-z-ucho
	-uelo	joven-z-uelo
-IK-	*-era*	coch-iqu-era
	-ete	son-iqu-ete
	-ón	moj-ic-ón
	-ote	pern-ic-ote
-ICH-	*-ón*	prim-ich-ón
	-uelo	nav-ich-uelo
-ID-	*-era*	zurc-id-era
	-izo	hu-id-izo
	-or	re-id-or
	-ura	añad-id-ura
-IG-	*-ón*	ped-ig-ón
	-orio	podr-ig-orio
	-ueño	ped-ig-üeño
-IJ-	*-illas*	metir-ij-illas
	-ón	serr-ij-ón
-IL-	*-ada*	saqu-il-ada
	-ín	chiqu-il-ín
	-ón	com-il-ón
-ILL-	*-ón*	grand-ill-ón
	-oso	quej-ill-oso
-IN-	*-ete*	mach-in-ete
	-oso	blanqu-in-oso
-IND-	*-ango*	quer-ind-ango
-INGL-	*-ero*	voc-ingl-ero
-IR-	*-ucho*	larg-ir-ucho
	-ujo	tap-ir-ujo
-ISK-	*-ón*	torn-isc-ón
	-oso	ol-isc-oso
-IST-	*-ón*	lamb-ist-ón
-IT-	*-ajo*	escup-it-ajo
	-al	chiv-it-al

	-ar	calv-it-ar
	-ero	chiv-it-ero
	-ina	escup-it-ina
-IƟ-	*-ada*	carr-iz-ada
	-al	camp-iz-al
-OL-	*-eto*	chisp-ol-eto
	-ina	vent-ol-ina
	-ón	almendr-ol-ón
-OLL-	*-ón*	borb-oll-ón
-ORR-	*-ada*	manj-orr-ada
	-al	mat-orr-al
	-ero	and-orr-ero
	-eta	ped-orr-eta
	-ón	cosc-orr-ón
-OT-	*-ada*	man-ot-ada
	-ero	andal-ot-ero
	-ino	zangol-ot-ino
	-ón	borb-ot-ón
	-udo	zambor-ot-udo
-UK-	*-ón*	bes-uc-ón
-UCH-	*-ina*	cam-uch-ina
-UJ-	*-ada*	masc-uj-ada
	-ón	peg-uj-ón
-UL-	*-ario*	perd-ul-ario
	-eco	pat-ul-eco
	-ón	sant-ul-ón
-ULL-	*-ada*	farf-ull-ada
	-ero	marr-ull-ero
	-ón	grand-ull-ón
-UÑ-	*-ón*	refunf-uñ-ón
-URR-	*-anga*	mat-urr-anga
	-illo	bat-urr-illo
	-ón	mans-urr-ón
-USK-	*-ito*	tamarr-usqu-ito

| -UZ- | *-ada* | mang-uz-ada |
| -UZG- | *-ón* | pell-uzg-ón |

B) *Interfijos seleccionados por la terminación verbal*

-AK-	*-ar*	mach-ac-ar
-AG-		ataf-ag-ar
-AJ-		quebr-aj-ar
-AL-		cag-al-ar
-ANK-		despern-anc-ar
-ARR-		despat-arr-ar
-ASK-		churr-asc-ar
-AZ-		acarr-az-arse
-EJ-		tempor-ej-ar
-ET-		corr-et-ar
-IK-		mull-ic-ar
-IJ-		regoc-ij-ar
-IL-		repap-il-arse
-IN-		chafarr-in-ar
-ING-		descuajar-ing-ar
-ISK-		lam-isc-ar
-OLL-		barb-oll-ar
-ONG-		alind-ong-ar(se)
-ORR-		apip-orr-ar(se)
-OT-		barb-ot-ar
-UK-		carr-uc-ar
-UCH-		escab-uch-ar
-UJ-		apret-uj-ar
-UÑ-		rasg-uñ-ar
-USK-		apañ-usc-ar
-UZ-		empap-uz-ar
-UZN-		espel-uzn-ar

Por todo lo expuesto, nos limitaremos en lo sucesivo a señalar el sufijo en concreto, sus valores, su función, y no nos detendremos a examinar las razo-

111

nes que han conducido a la aparición, en su caso, del interfijo[36]. En todo caso, la única duda residiría en la segmentación que pretendiésemos establecer. Queremos decir que ha habido un cierto rechazo al reconocimiento del interfijo como morfema, precisamente por el hecho de que carece de significación, lo que ha llevado en no pocos casos a considerar el «aumento» como elemento constitutivo del sufijo correspondiente. Así, la doctrina académica (1931), viva aún hoy, ya que el *Esbozo* no se refiere a esta cuestión, reconocía como sufijos (plenos) bloques como *-cito, -ecito, -ececito,* oscureciendo así enormemente la descripción.

En este sentido, en un intento por facilitar la regularidad en la exposición, no consideraremos como alomorfos de un sufijo sus posibles variaciones formales en función de la presencia de un interfijo en una determinada combinación. Esto es, dada la forma *hombrecete,* procederemos según la siguiente segmentación:

Base léxica	*Interfijo*	*Afijo derivativo (Sufijo)*
hombre	-c-	-ete
hombr(e)-	-ec-	-ete

en detrimento de otras también posibles desde otra perspectiva formal, por ejemplo[37]:

Base léxica	*Afijo derivativo (Sufijo)*
hombre	-cete
hombr(e)-	-ecete

36. A pesar de ello, es recomendable la lectura de algunos trabajos muy acertados que intentan hallar principios generales que expliquen la presencia del interfijo en una determinada formación. El más destacado es, a nuestro entender, el del profesor LÁZARO MORA (1976), «Morfología de los sufijos diminutivos», en *Verba,* 4, pp. 119-125.

37. Consúltense a este respecto las segmentaciones de algunas palabras con interfijo pertenecientes al andaluz y al canario: A. MIRANDA, «Notas para un estudio...», en especial las pp. 154-155, 157-163, 164-165.

3.2.3. Sufijos apreciativos del español

Partiendo del hecho de que el carácter fundamental de estos sufijos reside en la especial carga semántica que presentan respecto de los no apreciativos, mantendremos un criterio de clasificación semántico, por otra parte ya anunciado unas páginas más arriba, a saber:

1) *Aumentativos*
2) *Diminutivos*
3) *Peyorativos*

No obstante, no pretendemos obviar la información puramente gramatical. En este sentido, debemos recordar que la sufijación apreciativa actúa fundamentalmente sobre bases nominales:

toro → torete
soldado → soldadito
pájaro → pajarito
hombre → hombrón
animal → animalazo

Ocurre que, en algunas ocasiones, este mismo tipo de sufijación se aplica al resto de categorías léxicas principales:

Adjetivos:

rico → ricacho
verde → verdecito
pálido → paliducho
pequeño → pequeñajo
goloso → golosazo, etc.

Adverbios:

ahora → ahorita
cerca → cerquita
despacio → despacito
deprisa → deprisita
(hasta) luego → (hasta) lueguito

113

Incluso, se adjunta a determinadas formas verbales, por más que sólo sean aplicables a contextos muy determinados:

callando → *callandito*
descansando → *descansandillo*

Por otra parte, se debe destacar el hecho de que este tipo de sufijación da lugar, en ocasiones, a nuevas formas con distinto género al de la base, a pesar de que se mantenga la misma categoría que poseía esta última:

noticia → *notición*
aldea → *aldeorro*
villa → *villorrio*
avión → *avioneta*
silla → *sillín*
libro → *libreta*
zapato → *zapatilla*[38]

3.2.3.1. Aumentativos

-azo/-aza

Sufijo con valor aumentativo:
perro → *perrazo* «perro grande»;
mano → *manaza* «mano grande»;
bueno → *buenazo* «muy bueno».

En no pocas ocasiones significa «golpe dado con lo designado por la base derivativa»:

porra → *porrazo* «golpe dado con una porra»;
sartén → *sartenazo* «golpe dado con una sartén»;
almohadilla → *almohadillazo* «golpe dado con una almohadilla»;
tomate → *tomatazo* «golpe producido por un tomate»[39].

---

38. Se hace necesario señalar que en los últimos cuatro ejemplos la forma derivada sufre un cambio completo de significado con respecto al de la forma original. Cabe pensar, por tanto, que en cierto modo la motivación morfológica que implica la derivación se ha podido debilitar, incluso perder, al menos desde la perspectiva sincrónica, por lo que habría que hablar mejor de lexicalización del sufijo.

39. Un uso extensivo de este valor ha calado últimamente en el lenguaje periodístico. Nos referimos, en primer término, a lo que Lang define como valor aproximado a «golpe de Estado, in-

Otras veces, el valor del aumentativo da lugar a usos ponderativos:

artista → *artistazo*

torero → *torerazo*

e incluso, despectivos[40]:

boca → *bocazas*

mano → *manazas*

calzón → *calzonazos*

-ón/-ona

Sufijo aumentativo:

mujer → *mujerona* «una mujer grande»;

fortuna → *fortunón* «una gran fortuna»;

cabeza → *cabezón* «cabeza grande»;

vómito → *vomitona* «vómito abundante».

En la lengua hablada, *-ón* trasciende el ámbito de los sustantivos y pasa a combinarse con bases adjetivas con este mismo valor:

cobarde → *cobardón* «muy cobarde, habitual o especialmente cobarde»;

fácil → *facilón* «muy fácil»;

torpe → *torpón* «muy torpe, habitual o especialmente torpe».

Ese paso de un valor puramente aumentativo a otro algo más atenuado que se observa en determinadas formaciones adjetivas se produce de forma definitiva cuando forma hipocorísticos a partir de nombres propios:

---

tento de golpe de Estado». Este valor puede darse cuando el sufijo *-azo* se aplica a topónimos o antropónimos: *Tejero* → *Tejerazo*, *Malvinas* → *Malvinazo*. Pero, por esta utilización quizá abusiva por parte de determinados sectores, se ha extendido aún más si cabe su uso a los nombres comunes: *decreto* → *decretazo* (forma de gobernar a *golpe de* decreto ley); muy recientemente: *medicamento* → *medicamentazo* (*decreto* gubernamental que reduce *de golpe* algunas prestaciones sociales relativas al coste de los medicamentos).

40. M. F. LANG observa que en la mayor parte de los casos en que se produce este valor peyorativo, *-azo/-aza* se presenta formalmente en plural (*Formación...*, p. 153).

Miguel → Miguelón
Javier → Javierón[41]

Por otra parte, *-ón* no es ajeno a la adjunción con bases verbales, dando lugar a adjetivos con valor casi iterativo:

preguntar → preguntón «que pregunta mucho, constantemente»;

chillar → chillón «que chilla mucho, constantemente»;

contestar → contestón «que contesta mucho, que normalmente no acepta de buen grado aquello que se le manda».

Finalmente, *-ón* puede indicar «acción repentina o resultado de la acción significada por la base»:

apagar → apagón

encerrar → encerrona

empujar → empujón

Se podrían añadir una serie de formaciones en *-ona* que S. Fernández Ramírez agrupa bajo el epígrafe «apelativos de mujer», derivados sobre distintos tipos de base:

[*fregar*]$_V$ → *fregona*

[*sargento*]$_N$ → *sargentona* «mujer corpulenta»[42].

-ote/-ota

A pesar de su valor eminentemente aumentativo, son más ricos los ejemplos que se pueden catalogar dentro de una significación peyorativa o jocosa. Con valor puramente aumentativo, Fernández Ramírez recoge el término *pasmarote < pasmadote ← pasmado* («muy pasmado»), explicándose el trueque /d/ > /r/ por disimilación de las dentales *d...t.* También encontramos en la lengua común algunas formas con este mismo valor originario:

macho → machote «muy macho»;

galea (ant.) → *galeote, galeota* «gale(r)a de gran tamaño».

---

41. Evidentemente, se suele aplicar a individuos que presentan cierta corpulencia física. En todo caso, aquí el sufijo aumentativo adquiere cierto valor atenuante, afectivo.

42. S. FERNÁNDEZ RAMÍREZ, *La derivación...*, p. 43. No compartimos el significado que se le asigna a *sargentona*. Más bien, entendemos por tal, «mujer que ejerce dotes de mando (en su casa)».

Con todo, los ejemplos con intención expresiva son los más abundantes en la lengua actual. Este sufijo se combina con diversos tipos de base:

Sustantivos:

palabra → palabrota
papel → papelote
gafa(s) → gafotas
cabeza → cabezota[43]

Adjetivos:

serio → seriote
feo → feote
guapo → guapote

-udo/-uda

Forma adjetivos para designar la cantidad o dimensión grande o excesiva que caracteriza a determinados componentes referidos a personas o cosas:
barba → barbudo «que tiene mucha barba, o que tiene braba prominente»;
conciencia → concienzudo «que hace las cosas a conciencia, con mucho cuidado»;
fuerza → forzudo «que tiene mucha fuerza»;
tripa → tripudo «que tiene mucha tripa»;
vello → velludo «que tiene mucho vello».

En ocasiones, no presenta este valor aumentativo, sino que significa tan sólo «que tiene la forma de»:
pico → picudo «que tiene forma de pico»;
gancho → ganchudo «que tiene forma de gancho».

El valor connotativo que encierra, como en el resto de los sufijos estudiados hasta aquí, resulta ser muy variado, y discurre desde el despectivo –*melenudo, panzudo*– hasta el ponderativo –*concienzudo, forzudo*–.

---

43. En estos dos últimos ejemplos, aplicados a personas, implican valoración intelectual.

3.2.3.2. Diminutivos

Los sufijos diminutivos por excelencia son en español *-ito, -ico, -illo*[44]. A esta lista deberían incorporarse otros elementos como *-ete(a), -ín(a), -uelo(a)*, si bien su presencia es mucho menor, cuando no discutible en lo referente a su significado[45].

-ito/-ita

La función denotativa de este sufijo es la de aminorar la sustancia semántica del sustantivo que le sirve de base de derivación:

perro → *perrito* «perro pequeño»;
sueño → *sueñecito* «sueño corto, pequeño»;
bulto → *bultito* «bulto pequeño».

Como en el resto de los apreciativos, esta función denotativa no es la primaria, sino que denotación y connotación son funciones solidarias: «la segunda es tan dominante que invade todo el espacio semántico del derivado cuando la denotación de la base no puede ser alterada»[46]. El significado nocional –minorador, en el caso de los diminutivos– se produce por tanto cuando el contexto y la situación son capaces de filtrar y retener toda la emotividad que comportan tales afijos[47]. Por tanto:

---

44. F. A. LÁZARO MORA, «Morfología de los sufijos...». Incluso en su trabajo posterior «Los derivados sustantivos...» aduce razones que invitan a una distinción entre estos y otros sufijos afectivos: «Hasta morfológicamente se observan diferencias: frente a *colchon-c-ito*, que se forma con interfijo obligatorio, *colchoneta* y *colchonazo* se constituyen sin él; frente a *frailecito* (aunque *frailito* no sea imposible), tenemos *frailón, frailote, frailucho*. En cuanto al tratamiento lexicográfico de estos derivados, es conocido el criterio del Diccionario de la Real Academia Española: "no incluye los diminutivos en *-ico, -ito, -illo* (...) cuya formación sea regular (...) salvo en el caso en que tengan una acepción especial que merezca ser notada"» (pp. 481-482).

45. M. Lang reconoce que adscribir *-uelo* a esta lista de diminutivos resultaría problemático, toda vez que «algunas veces se considera peyorativo, por influencia de la vocal anterior [u] a la que se suele asociar un efecto fonosimbólico negativo» (*Formación...*, p. 138).

46. F. A. LÁZARO MORA, «Los derivados sustantivos...», p. 494.

47. Como ya señaló Amado ALONSO (1951) en un célebre artículo, la idea 'empequeñecedora' es la menos frecuente. En este sentido, lo verdaderamente característico del diminutivo habría que buscarlo en lo 'emocional'. Más aún, el diminutivo es un signo de énfasis del afecto. Cuál sea ese afecto lo inferiremos en cada caso por indicios de otras procedencias» (*Vid.* «Noción, emoción y fantasía en los diminutivos», en *Estudios lingüísticos. Temas españoles,* Gredos, Madrid).

monja → monjita No significa una «monja pequeña», sino que a través de un recurso gramatical –sufijación apreciativa– el hablante demuestra afectividad hacia el *concepto* de monja o mejor sobre la persona a la que se aplica particularmente ese concepto. Del mismo modo, en el resto de los siguientes ejemplos:

paloma → palomita
barato → baratito
solo → solito
rubio → rubito

Este valor se aprecia especialmente cuando *-ito(a)* se adjunta a bases de categoría adverbial:

abajo → abajito
ahora → ahorita
enseguida → enseguidita
encima → encimita, etc.

Ahora bien, precisamente esta significación connotativa es la que da lugar a que se produzca su incompatibilidad con determinados lexemas nominales –al igual que ocurre con el resto de los sufijos diminutivos–[48]. Queremos decir que lo que aquí expongamos a propósito de *-ito* es válido para los demás diminutivos.

Los nombres que mejor se prestan a recibir notas de disminución y afecto son los *concretos,* es decir, los que significan «cosas» que el hablante puede estimar o desestimar, por el hecho de convivir con ellas. Fuera del caso extremo en que un nombre concreto sea un derivado aumentativo (*perrazo → *perracito; manaza → *manac-ita*), dada la imposibilidad de unir dos intenciones de signo contrario, son muy pocos los nombres *concretos* a los que no se les puede añadir los sufijos diminutivos. Entre éstos, destacamos los siguientes:

– nombres de idiomas: *español, francés* (no así cuando son gentilicios);

---

48. Resulta especialmente esclarecedor a este respecto el artículo de F. A. Lázaro Mora (1976), «Incompatibilidad entre lexemas nominales y sufijos diminutivos», *Thesaurus. Boletín del Instituto Caro y Cuervo,* XXXI, pp. 3-19. Los aspectos que recogemos a continuación no son sino un resumen deudor de tan señalada aportación. No obstante, no consideramos incompatibilidades de carácter puramente fónico, que el citado profesor recoge en las pp. 7-9 de su trabajo.

- nombres propios de fiestas: *Navidad, Pascua*, etc.;
- topónimos: *Italia, Inglaterra, Madrid...;*
- nombres que designan una profesión o actividad a través del sufijo *-ista: accionista, anatomista, legalista;*
- los nombres de los puntos cardinales: *Norte, Sur,* etc. y de orientación: *Levante, Poniente, Occidente,...*

Frente a la inmensa mayoría de los *concretos,* los nombres *abstractos* son bastante reacios a recibir sufijos diminutivos; especialmente aquellos que están formados con sufijos que los marcan como tales abstractos:
- los acabados en *-eza: agudeza, aspereza, pereza;*
- los acabados en *-ía: alegría, alevosía, hipocresía;*
- los en *-ismo: fanatismo, arrianismo, luteranismo;*
- los acabados en *-ad* (que figura en *-edad, -idad*) : *actividad, gravedad, santidad* [49].

Un tercer grupo de nombres que no admiten sufijación diminutiva lo constituyen los nombres de *acción.* En español esos nombres se presentan con sufijos especiales o sin ellos:
- los acabados en *-ancia, -encia: abundancia, competencia;*
- los en *-anza: alabanza, venganza;*
- los en *-ción: absolución, especulación;*
- los acabados en *-aje: abordaje, hospedaje* [50].

Por último, *-ito* presenta una peculiaridad de orden semántico consistente en la producción de lexicalizaciones de significado especializado, de tal modo que la motivación original llega a perderse:

central → *centralita* (central telefónica);

coche → *cochecito* (carrito del bebé).

---

49. No obstante, Lázaro Mora halla un ejemplo de nombres *abstractos,* los terminados en *-ura,* como *ternura, finura, chifladura,* que son compatibles con los sufijos diminutivos para expresar afectividad: ¡Con qué *amargurita* lloraba el niño! («Incompatibilidad...», p. 11).

50. Los acabados en *-ida* (*acogida, acometida*) sí pueden aparecer acompañados por diminutivos. En ocasiones, ocurre lo mismo con los terminados en *-ción,* concretamente con los que presentan la variante *-sión,* como *compasión* o *invasión.*

-ico/-ica

Su valor semántico puede situarse muy próximo al de *-ito*. De hecho, son raras las formas en *-ico* que no presentan también formas en *-ito:*

cochino → *cochinico* (también *cochinito*);

mozo → *mocico* (también *mocito*);

mariposa → *mariposica* (también *mariposita*);

perro → *perrico* (también *perrito*).

En casi todos los estudios sobre Morfología se destaca el marcado carácter dialectal de este sufijo:

> «Sincrónicamente, se pueden establecer algunas distinciones de índole dialectal: *-illo* se utiliza preferentemente en Andalucía, *-ito* en Castilla, *-ico* en Aragón e *-ín* en Asturias»[51].

Con todo Alvar y Pottier muestran sus reservas respecto de la adscripción genérica de *-ico* a Aragón, al menos de forma exclusiva:

> «Hoy su difusión geográfica [de *-ico*] afecta al dialecto murciano (*-iquio*), al andaluz oriental y al aragonés. Bien entendido que en la literatura costumbrista, *-ico* pretende caracterizar a los aragoneses, pero no es sufijo específicamente regional, ni tampoco lo fue en lo antiguo. Es necesario –como en muchos otros casos– conocer la productividad y consideración social del sufijo, pues decir que se encuentra por toda la Península, sin otra referencia, puede falsear la realidad»[52].

Existe una variante *-ica,* forma moderna con valor despectivo, característica del lenguaje infantil y generadora de formas adjetivas:

abusar → *abusica*

---

51. M. F. LANG, *Formación...*, p. 140.

52. M. ALVAR y B. POTTIER, *Morfología histórica...*, pp. 367-368. Cf. M. F. LANG, *Formación...*, p. 140: «Lo cierto es que independientemente de consideraciones históricas y geográficas, todos los sufijos que acabamos de reseñar [los apreciativos] viven con plena vitalidad en el español actual, entrando en fuerte competencia con otros dentro del sistema sufijal apreciativo». Para un estudio detallado y comparativo de las formas en *-ico* en andaluz y canario, consúltese A. MIRANDA, «Notas para un estudio...», especialmente las pp. 165-166 y 179-180.

acusar → *acusica*
llorar → *llorica*
miedo → *miedica*
cobarde → *cobardica.*

-illo/-illa

Entre los sufijos diminutivos que consideramos, *-illo(a)* manifiesta una capacidad mayor que el resto para ceder la constante connotativa común a todos ellos («afecto del hablante en la evocación del objeto») en favor de otras connotaciones (un *articulillo* frente a un *articulito*)[53] y hasta su pérdida total, lo cual permite que sus derivados se lexicalicen más fácilmente y en mucho mayor número que los formados con los otros sufijos[54]:

arena → *arenilla* («cálculos en la vejiga»);
espina → *espinilla* («barrillo de la piel»);
trompeta 〉 *trompetilla* (de los mosquitos);
gancho → *ganchillo* («labor hecha con aguja de gancho»);
horca → *horquilla* («alfiler del pelo»);
bomba → *bombilla* («globo de cristal por donde pasa la luz»);
cola → *colilla* («punta del cigarro que se tira»).

---

53. F. A. LÁZARO MORA, «Los derivados sustantivos...», p. 487, interpreta la oposición citada en los siguientes términos: «Esta posibilidad que vemos en *-illo* para expresar el desafecto en vocablos fuera de contexto y de situación (es decir, en condiciones puramente lexicográficas), incomparablemente más acusada (...) que en el caso de *-ito, -ico*, es rasgo muy característico que admite otra prueba: la infinidad de actos de discurso en que el hablante lo prefiere para encubrir tácticamente el afecto, para diluir los indicios de complacencia en la evocación del objeto que acompañan a los otros dos sufijos. Yo –comentaré con mis amigos– estoy escribiendo un *articulillo* (incluso un *articulejo*), para restar énfasis e importancia a mi acción. Un *articulito* manifestaría, como *articulillo,* lo reducido del trabajo, pero mi adhesión a él sería totalmente positiva».

54. S. FERNÁNDEZ RAMÍREZ llega a señalar que «algunas formaciones en *-illo, -illa* no pertenecen a esta categoría, no son diminutivos ni hipocorísticos (...): *bolsillo* no es un *bolso* más pequeño, ni *guerrilla,* una *guerra* de poca duración. Esta nueva categoría de formas en *-illa, -illo* surge como una metáfora suscitada por la base derivativa. *Organillo* es un instrumento que tiene alguna semejanza con el *órgano,* como el *molinillo* funciona en cierto modo como el *molino.* He aquí algunos ejemplos más de este nuevo grupo: *flequillo* (*fleco*), *hornillo* (*horno*), *pitillo* (*pito*), *tornillo* (*torno*)...» (*La derivación...,* p. 38). También, M. F. LANG, *Formación...,* p. 142 y F. A. LÁZARO MORA, «Los derivados sustantivos...», pp. 486-487.

-ete/-eta

En principio, este sufijo puede incluirse dentro del sistema de los diminutivos. En efecto, lo es en el plano nocional: una *placeta* es un *plaza* pequeña. Pero su contraste con *placita* es también obvio; se percibe bien en frases como *Me encantan las **placitas** sevillanas; Al final de la calle hay una **placita***: en tales contextos, *placeta* resultaría inadecuado (el encanto no parece anejo a una *placeta*) o estrictamente nocional: la *placeta* del final de la calle es un simple ensanchamiento urbano, que nombro sin ningún afecto. *Placilla,* en cambio, sería posible en ambos casos.

Podemos decir, por tanto, que en *-illo/-ete* confluyen dos valores significativos que se superponen: «el juego burlador y el afecto directamente expresado»[55]. Un *torillo* no tiene aún la planta y el sentido del *toro,* pero ya apuntan en él con gran fuerza atractiva; en el *torete* hacen gracia su arrogancia, su bravura, tal vez torpona y joven. Si en la plaza, en cambio, se aguardaba un *toro* con el peso y trapío debidos, y lo que sale parece muy pequeño al público, *torillo* y *torete* tienen igual probabilidad de aparición: el primero, para descalificar al animal por el desprecio indignado; el segundo, para hacerlo por la burla desdeñosa e irritada. Este mismo prisma burlador (y, a veces, decididamente burlesco) que *-ete* interpone entre nuestra mirada y el objeto, es el que ha determinado su empleo para contribuir a significados como los de los siguientes sustantivos:

ojo → *ojete*
caballero → *caballerete*
majara → *majareta*

Como en los casos anteriormente aducidos, *-ete(a)* da lugar a sustantivos con significado autónomo. Para Lázaro Mora, «es éste, sin duda, desde el punto de vista cuantitativo, el papel más importante que *-ete/-eta* han desempeñado en la Morfología española»[56]:

clarín → *clarinete*
color → *colorete*

55. F. A. Lázaro Mora, «Los derivados sustantivos...», p. 491.
56. F. A. Lázaro Mora, «Los derivados sustantivos...», pp. 493-494.

cuna → *cuneta*
braga → *bragueta*
ala → *aleta*
vela → *veleta*

-uelo/-uela

Se trata tal vez del sufijo con significado diminutivo que encierra un matiz más elevado de carácter despectivo. Con todo, se aproxima a *-ete* cuando el matiz peyorativo se modera en favor de un contenido jocoso y afectivo:

ladrón → *ladronzuelo*
ratón → *ratonzuelo*
rey → *reyezuelo*
calle (→ *calleja*) → *callejuela*
tonto → *tontuelo*

Tampoco es ajeno a la formación de nuevas palabras lexicalizadas:

paño → *pañuelo*
lenteja → *lentejuela*
castaña → *castañuela*
cazo → *cazuela*
seña → *señuelo*[57]

-ín/-ina

Su característica fundamental reside en el moderado valor peyorativo que muestra cuando aparece. Alterna dialectalmente con *-ino/-iño*. En la actualidad, «*-ín* [se localiza] en el noroeste del dominio leonés (Corueña, Armental,

---

57. Queremos decir que la motivación se ha perdido desde la perspectiva sincrónica. En efecto, si consultamos el diccionario, encontraremos que las citadas formas aparecen con entradas independientes, referidas signficativamente a objetos concretos deslindados de los que originariamente provenían:

pañuelo: pedazo de tela de hilo, algodón, seda, lana, etc., cuadrado y de una sola pieza, que sirve para diferentes usos; *lentejuela:* laminilla redonda de metal que se cose a la ropa por adorno; *castañuela:* instrumento de percusión, compuesto de dos piezas cóncavas de madera o de marfil, a modo de conchas; *cazuela:* vasija redonda, más ancha que honda, para guisar; *señuelo:* cosa que sirve para atraer a las aves.

el Bierzo) y en el resto [filiación leonesa] -*ino,* extendiéndose por Extremadura y alcanzando a las zonas andaluzas limítrofes (Huelva, Sevilla, Córdoba). Su extensión por otras zonas es ocasional o responde a lexicalizaciones cumplidas en épocas antiguas»[58].

Se adjunta fundamentalmente a bases sustantivas y adjetivas:

tonto → *tontín*
guapo → *guapín*
borracho → *borrachín* (peyorativo)
pillo → *pillín*
beso → *besín*
Pedro → *Pedrín* (hipocorístico).

Con todo, no se puede afirmar con rigor que, en todos los casos, los derivados en -*ín(a)* sean diminutivos de los nombres representados por sus respectivas bases derivativas, por más que históricamente tal sea su origen. Como señala Fernández Ramírez, «es más patente la intención expresiva: usos hipocorísticos o peyorativos»[59]. En este sentido, tampoco faltan formas claramente lexicalizadas, entre las cuales seleccionamos las siguientes:

andar → *andarín*
bailar → *bailarín*
baldosa → *baldosín*
botica → *botiquín*
pólvora → *polvorín*[60].

3.2.3.3. Peyorativos o despectivos

Establecemos esta última clasificación siguiendo el dictado de la tradición gramatical, por más que, como hemos visto, tanto en lo relativo a los sufijos

---

58. M. Alvar y B. Pottier, *Morfología histórica...*, pp. 370-371.
59. S. Fernández Ramírez, *La derivación...*, p. 76.
60. Los significados correspondientes a las anteriores palabras son los siguientes: *andarín:* persona andadora; *bailarín:* bailador profesional; *baldosín:* «azulejo», baldosa cubierta de esmalte, empleada para recubrir paredes (cf. *baldosa:* ladrillo fino que se emplea para recubrir suelos); *botiquín:* mueble, generalmente portátil, donde se guardan medicinas para casos de urgencia; *polvorín:* lugar o edificio convenientemente dispuesto para guardar la pólvora, municiones, etc.

aumentativos como a los diminutivos, la enunciación puede producir un matiz connotativo en el significado habitual del sufijo y derivarse una significación peyorativa por encima del significado aumentativo o diminutivo esperable[61]. En lo sucesivo, no nos detendremos a explicar su valor genérico, sino a comentar las particularidades que presentan cada uno de ellos.

-ucho/-ucha

Se adjunta a bases nominales (sustantivos y adjetivos):

Sustantivos:

cuarto → *cuartucho*
casa → *casucha* (también *casucho*)
águila → *aguilucho* (con cambio de género)
papel → *papelucho*

Adjetivos:

débil → *debilucho*
feo → *feucho*
pálido → *paliducho*
blando → *blanducho*
delgado → *delgaducho*

Con todo, Fernández Ramírez señala que «algunos [sustantivos en *-ucho*] son de origen incierto: *arrechucho* (acaso del antiguo *arrecho* 'tieso'), *avechucho* (...), *cucurucho* (no bien explicado), *pachucho* (acaso del mismo origen que *pocho*). El sustantivo *chucho* puede haber influido en estas formaciones[62].

___

61. La dificultad de adscripción semántica de los apreciativos –ya aludida– se comprueba, por ejemplo, al repasar las subclasificaciones que, dentro del mismo grupo de sufijos peyorativos, han llevado a cabo algunos lingüistas. Así, M. F. Lang señala que éstos pueden clasificarse en:
     «i) sufijos que tienden a significar valores diminutivos; ii) sufijos propiamente peyorativos; y iii) sufijos peyorativos utilizados con intención humorística» (*Formación...*, p. 157).
62. S. FERNÁNDEZ RAMÍREZ, *La derivación...*, p. 26. Tal vez, en este tipo de formaciones pueda hablarse de un fenómeno interesante y muy habitual en la Morfología de cualquier lengua, al que F. RAINER –(1991) «On the Nature of Word-Formation Processes: Evidence from Spanish»,

-ajo/-aja

Se combina con adjetivos y sustantivos con claro valor semántico despectivo:

cinta → *cintajo* («cinta de poco valor, ridícula»)
pequeño → *pequeñajo*
latín → *latinajo*
sombra → *sombrajo*

Pero, formas como *vergajo* (← *verga*) o *zancajo* (← *zanco*) no son modalidades de las formas de base de las que proceden, sino que más bien expresan conceptos diferentes. Además, frente a otros sufijos apreciativos, no pocas palabras primitivas a las que se adjuntan son de naturaleza verbal:

colgar → *colgajo*
espantar → *espantajo*
pringar → *pringajo*

-ejo/-eja

Forma sustantivos y adjetivos con valor fundamentalmente despectivo:

Sustantivos:

bigote → *bigotejo*
bicho → *bichejo*
caballo → *caballejo*
calle → *calleja*

Ms. Fundación Ortega y Gasset, Madrid– denomina *analogía local:* se trata del nacimiento y desarrollo de reglas de formación de palabras a partir de modelos individuales o de procedimientos preexistentes perfectamente improductivos, como los que muestran grupos de palabras formalmente semejantes pero morfológicamente no relacionadas y, a veces, ni tan siquiera derivadas. Para una visión general de estos procesos, pueden consultarse: F. J. ZAMORA SALAMANCA (1984), «La tradición histórica de la analogía lingüística», en *Revista Española de Lingüística,* 14, pp. 367-419 y R. SKOUSEN (1989), *Analogical Modeling of Language,* Kluwers, Dordrecht. Conocemos, además, la existencia de una acertada aplicación de estos principios al español, ejemplificando con los problemas que plantea el sufijo *-iego:* Bruno CAMUS BERGARECHE, «Analogía y Morfología contemporánea», *Dicenda. Cuadernos de Filología Hispánica,* Universidad Complutense (en prensa).

Adjetivos:

mediano → *medianejo*
poco → *poquejo*
regular → *regularcejo*

Así mismo, no es ajeno a formaciones lexicalizadas:
candil → *candileja(s)*
comadre → *comadreja*
moral → *moraleja*[63]

-acho/-acha

Se combina con bases sustantivas o, en todo caso, con adjetivos aplicables a nombres de persona:
hombre → *hombracho*
rico → *ricacho*
viejo → *viejacho*
viva → *vivaracha*

-arro/-orro/-urro

Nos inclinamos por considerar a las anteriores formas alomórficas de -*orro*. Normalmente, estos y otros sufijos despectivos suelen considerarse como segmentos intermedios de una sufijación posterior, como por ejemplo en la serie: *abeja* → *abejorro* → *abejorruco/abejarruco*. Se combina tanto con nombres sustantivos (*pito* → *pitorro*, –incluso con nombres propios para formar hipocorísticos: *Pepe* → *Peporro*, *Paco* → *Pacorro*–) como con adjetivos (*azul* → *azulorro*, *caliente* → *calentorro*).

Modernamente es muy utilizado en la lengua hablada, especialmente en expresiones de marcado carácter vulgar:

63. En efecto, ésta es la idea que se desprende si consultamos el significado que de estas últimas formas hallamos en el diccionario:
   candilejas: línea de luces en el proscenio del teatro; *comadreja:* mamífero carnicero mustélido de unos 3 dm. de largo, cuerpo muy alargado y patas cortas; *moraleja:* enseñanza provechosa que se deduce de un cuento, fábula, etc.

pedo → *pedorro*
caló → *calorro*
tía → *tiorra*
vida → *vidorra*

-astro/-astra

Con valor despectivo se combina especialmente con nombres que significan profesión:

crítico → *criticastro*
poeta → *poetastro*
médico → *medicastro*

Posee cierta vitalidad para combinarse dando lugar a formaciones lexicalizadas:

madre → *madrastra*
hija → *hijastra*
padre → *padrastro*[64]

-ales

Mervyn F. Lang lo incluye dentro de los por él denominados *peyorativos humorísticos,* si bien creemos que su valor no resulta, en la mayoría de los casos, peyorativo[65]. Más bien, ocurre lo contrario: se pretende atenuar cualquier valor negativo, expresando cierto grado de complicidad o proximidad de ánimo por parte del hablante:

fresco → *frescales*
vivo → *vivales*

---

64. Así parecen confirmarlo las diferentes definiciones que de tales formas encontramos en el diccionario:

    madrastra: mujer del padre respecto de los hijos que éste tiene de un matrimonio anterior; *hijastra:* respecto de uno de los cónyuges, hijo o hija que el otro ha tenido de un matrimonio anterior; *padrastro:* marido de la madre respecto de los hijos que ésta tiene de un matrimonio anterior.

65. M. F. LANG, *Formación...,* pp. 162-163.

rubio → rubiales
viejo → viejales[66]

3.2.4. *Sufijación no apreciativa*

Como venimos anticipando en no pocos lugares, la principal característica de la sufijación apreciativa, antes que en el valor semántico intrínseco que pueda ser aplicado a cada sufijo en concreto, radica en el hecho de que puede dar lugar a metábasis (frente a lo que ocurre en la prefijación). Y esto es posible porque el afijo (sufijo) impone su clase al derivado. Si el afijo es de la misma categoría que la forma básica, entonces la nueva estructura no cambia de categoría. Esta posibilidad de cambio en la nueva palabra respecto de la que poseía en la primitiva constituye, a nuestro entender, el elemento fundamental que debe tenerse en cuenta a la hora de emprender un estudio en torno a la sufijación (no apreciativa). Por ello, el esquema que de modo más o menos homogéneo hemos venido siguiendo hasta aquí va a ser alterado. No primarán, por tanto, aspectos de índole semántica, sino gramatical.

En este sentido, podemos recabar el auxilio de la llamada Morfología formal. Ésta se cimenta en los siguientes principios:

a) La construcción de palabras y la integración de morfemas constituye un proceso combinatorio sometido a ciertas *leyes* o *reglas;*

b) Cada morfema tiene su propia gramática. No todo morfema puede combinarse con cualquier otro;

c) La palabra derivada (o compuesta) tiene una estructura interna. La nueva concatenación de morfemas no da como resultado una ampliación de la palabra. En este sentido, la mera segmentación lineal de los elementos constitutivos de una palabra derivada no explica satisfactoriamente la complejidad de su estructura (jerarquía): así, las interrelaciones que mantienen los tres elementos constitutivos de la palabra *funcionariado* (*función-ari(o)-ado*) se expresan adecuadamente a través de un grafo o diagrama arbóreo como:

---

66. Bien es verdad que, por el significado particular de las bases a las que se adjunta, las formas derivadas resultantes que aparecen en último término (*rubiales, viejales*) resultan algo más despectivas que, por ejemplo, las dos primeras (*frescales, vivales*), formas estas últimas en las que, además, se ha perdido, en cierto modo, el significado habitual y se tiende a la metaforización.

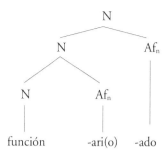

d)   Una regla puede volver a actuar en la misma palabra en la que ya ha actuado. (Este punto resulta fundamental, por ejemplo, para distinguir *flexión* y *derivación*).

La derivación por sufijos en español consta de las reglas que exponemos a continuación[67].

3.2.4.1. Nominalización[68]

Fenómeno morfológico consistente en la formación de derivados nominales. En las primeras propuestas de la teoría sintáctica generativa (modelo transformacional), la *nominalización* se aplicaba generalmente a la formación de nombres a partir de verbos. El español presenta distintas reglas, si bien no todas ellas se desarrollan con el mismo grado de productividad.

$$R_1: N \rightarrow N + A_{fn}$$

---

67. Venimos siguiendo las observaciones vertidas por A. ALONSO-CORTÉS, *Lingüística general,* pp. 147-152. Siempre que se trate de una regla de rescritura perteneciente a la Morfología formal, debemos leer: Categoría$_x$ (forma derivada) *se rescribe como:* base(categoría$_y$) + afijo(categoría$_x$), siendo *x* la misma categoría e *y* igual o distinto a *x.* Cuando no aparezca una fórmula morfológica semejante, el recorrido derivativo se realizará al contrario, es decir, partiendo de la forma primitiva para llegar a la derivada.

68. M. ALVAR y B. POTTIER prefieren emplear la denominación «la formación sustantiva» (*Morfología histórica...,* p. 383).

-ada[69]

estocada)$_N$ → estoque)$_N$ + *-ada)Af_n*	'golpe, acción repentina'
patada)$_N$ → pata)$_N$ + *-ada)Af_n*	'golpe, acción repentina'
campesinado)$_N$ → campesino)$_N$ + *-ado)Af_n*	'grupos del N animado representado en la base'
empresariado)$_N$ → empresario)$_N$ + *-ado)Af_n*	'grupos del N animado representado en la base'
principado)$_N$ → príncipe)$_N$ + *-ado)Af_n*	'cargo, oficio' y 'lugar en el que se desempeña'
rectorado)$_N$ → rector)$_N$ + *-ado)Af_n*	'cargo, oficio' y 'lugar en el que se desempeña'

-aje[70]

caudillaje)$_N$ → caudillo)$_N$ + *-aje)Af_n*	'labor, oficio desempeñado por N'
peritaje)$_N$ → perito)$_N$ + *-aje)Af_n*	'labor, oficio desempeñado por N'
kilometraje)$_N$ → kilómetro)$_N$ + *-aje)Af_n*	'medida, proporción'
octanaje)$_N$ → octano)$_N$ + *-aje)Af_n*	'medida, proporción'

-all -ar[71]

patatatal)$_N$ → patata)$_N$ + *-al)Af_n*	'colectivo o nombre del árbol que da el fruto'
cafetal)$_N$ → cafeto)$_N$ + *-al)Af_n*	'colectivo o nombre del árbol que da el fruto'

---

69. Proveniente de la forma latina *-ata* (ALVAR y POTTIER, *Morfología...,* pp. 384-385). El valor de 'colectividad', es derivado y se extendió posteriormente a la forma masculina.

70. El origen de este sufijo hay que buscarlo en el francés *-age* (ALVAR y POTTIER, *Morfología..., * p. 393).

71. Provienen de la forma latina *-ale;* su distinción no tiene fundamentación morfológica. (ALVAR y POTTIER, *Morfología...,* p. 386).

palmar)$_N$ → palma)$_N$ + *-ar)*Af$_n$ — 'colectivo o nombre del árbol que da el fruto'

olivar)$_N$ → olivo)$_N$ + *-ar)*Af$_n$ — 'colectivo o nombre del árbol que da el fruto'

-ero/-ería[72]

lechería)$_N$ → leche)$_N$ + *-ería)*Af$_n$ — 'locativo, lugar de venta'

pollería)$_N$ → pollo)$_N$ + *-ería)*Af$_n$ — 'locativo, lugar de venta'

palabrería)$_N$ → palabra)$_N$ + *-ería)*Af$_n$ — 'abstracción con matiz despectivo'

brujería)$_N$ → brujo/a)$_N$ + *-ería)*Af$_n$ — 'abstracción con matiz despectivo'

pistolero)$_N$ → pistola)$_N$ + *-ero)*Af$_n$ — 'profesión, ocupación'

órganero)$_N$ → órgano)$_N$ + *-ero)*Af$_n$ — 'profesión, ocupación'

nisperero)$_N$ → níspero)$_N$ + *-ero)*Af$_n$ — 'denominación de árboles'

limonero)$_N$ → limón)$_N$ → *-ero)*Af$_n$ — 'denominación de árboles'

-ero$_2$[73]

perchero)$_N$ → percha)$_N$ + *-ero$_2$)*Af$_n$ — 'recipiente, utensilio'

monedero)$_N$ → moneda)$_N$ + *-ero$_2$)*Af$_n$ — 'receptáculo de objetos concretos'

billetero)$_N$ → billete)$_N$ + *-ero$_2$)*Af$_n$ — 'recipiente, utensilio'

refranero)$_N$ → refrán)$_N$ + *-ero$_2$)*Af$_n$ — 'cantidad de algo, lugar en el que hay algo en cantidad, conjunto de'

cancionero)$_N$ → canción)$_N$ + *-ero$_2$)*Af$_n$ — 'cantidad de algo, lugar en el que hay algo en cantidad, conjunto de'

---

72. *-ero* procede del latín *-arius,* en tanto que, combinado con el griego *-ία*, origina el sufijo *-ería* (ALVAR y POTTIER, *Morfología...,* p. 385).

73. Posee valor 'locativo' y proviene del latín *-arium* (ALVAR y POTTIER, p. 390).

-ismo/-ista[74]

coleccionismo)$_N$ → colección)$_N$ + *-ismo)Af*$_n$ 'movimientos políticos, grupos sociales, actividades culturales'

confusionismo)$_N$ → confusión)$_N$ + *-ismo)Af*$_n$ 'movimientos políticos, grupos sociales, actividades culturales'

atletismo)$_N$ → atleta)$_N$ + *-ismo)Af*$_n$ 'movimientos políticos, grupos sociales, actividades culturales'

felipismo)$_N$ → Felipe)$_N$ + *-ismo)Af*$_n$ 'movimientos políticos, grupos sociales, actividades culturales'

guerrismo)$_N$ → Guerra)$_N$ + *-ismo)Af*$_n$ 'movimientos políticos, grupos sociales, actividades culturales'

guionista)$_N$ → guión)$_N$ + *-ista)Af*$_n$ Valor agentivo, 'miembros representantes de movimientos, profesiones, etc.'

tenista)$_N$ → tenis)$_N$ + *-ista)Af*$_n$ Valor agentivo, 'miembros representantes de movimientos, profesiones, etc.'

felipista)$_N$ → Felipe)$_N$ + *-ista)Af*$_n$ Valor agentivo, 'miembros representantes de movimientos, profesiones, etc.'

74. *-ismo*, *-ista* son formas latinas de otros sufijos griegos ¬ισμός,-ιστής. En español las palabras que los llevan pueden funcionar tanto en la categoría de los sustantivos, como en la de los adjetivos; de ahí que haya numerosos intercambios. De muchos sustantivos pueden derivar formaciones que admiten uno u otro sufijo, tal es el caso de *colaboración* y *colaboracionista, colaboracionismo, ensayo, ensayismo* y *ensayista* (ALVAR y POTTIER, *Morfología...*, pp. 387-388).

guerrista)$_N$ → Guerra)$_N$ + -ista)Af_n Valor agentivo, 'miembros representantes de movimientos, profesiones, etc.'

R$_2$: N → Adj + Af$_n$

-ada

tontada)$_N$ → tonto)$_{Adj}$ + -ada)Af_n 'acción, acto'

novatada)$_N$ → novato)$_{Adj}$ + -ada)Af_n 'acción, acto'

-ancia/-encia[75]

preponderancia)$_N$ → preponderante)$_{Adj}$ + -ancia)Af_n 'designación de la cualidad'

tolerancia)$_N$ → tolerante)$_{Adj}$ + -ancia)Af_n 'designación de la cualidad'

relevancia)$_N$ → relevante)$_{Adj}$ + -ancia)Af_n 'designación de la cualidad'

-dad/-tad[76]

honestidad)$_N$ → honesto)$_{Adj}$ + -dad)Af_n Da lugar a nombres abstractos referidos a la cualidad del Adj

crueldad)$_N$ → cruel)$_{Adj}$ + -dad)Af_n Da lugar a nombres abstractos referidos a la cualidad del Adj

---

75. Yakov Malkiel dedicó un extenso trabajo a los sufijos *-antia, -entia,* que en el mundo románico reemplazaron al clásico *-ía* que, por átono, había quedado improductivo. Cf. Yakov MALKIEL (1945), *Development of the Latin Suffixes «-antia» and «-entia» in the Romance Languages, with Special Regard to Ibero-Romance,* Berkeley-Los Ángeles (ALVAR y POTTIER, *Morfología...,* p. 393).

76. Provienen de la forma latina *-tatem* (ALVAR y POTTIER, *Morfología...,* p. 390).

ambigüedad)$_N$ → ambiguo)$_{Adj}$ + -dad)Af$_n$ Da lugar a nombres abstractos referidos a la cualidad del Adj

lealtad)$_N$ → leal)$_{Adj}$ + -tad)Af$_n$ Da lugar a nombres abstractos referidos a la cualidad del Adj

-ez/-eza[77]

lindeza)$_N$ → lindo)$_{Adj}$ + -eza)Af$_n$ Da lugar a nombres abstractos referidos a la cualidad del Adj

belleza)$_N$ → bello)$_{Adj}$ + -eza)Af$_n$ Da lugar a nombres abstractos referidos a la cualidad del Adj

rigidez)$_N$ → rígido)$_{Adj}$ + -ez)Af$_n$ Da lugar a nombres abstractos referidos a la cualidad del Adj

robustez)$_N$ → robusto)$_{Adj}$ + -ez)Af$_n$ Da lugar a nombres abstractos referidos a la cualidad del Adj

-ismo

simplismo)$_N$ → simple)$_{Adj}$ + -ismo)Af$_n$ Da lugar a nombres abstractos referidos a la cualidad del Adj

continuismo)$_N$ → continuo)$_{Adj}$ + -ismo)Af$_n$ Da lugar a nombres abstractos referidos a la cualidad del Adj

sensualismo)$_N$ → sensual)$_{Adj}$ + -ismo)Af$_n$ Da lugar a nombres abstractos referidos a la cualidad del Adj

---

77. Proviene del latín *-ities, -itia* (ALVAR y POTTIER, *Morfología...*, p. 390).

-ía

grosería)$_N$ → grosero)$_{Adj}$ + *-ía)Af*$_n$ 'acto propio de'

medianía)$_N$ → mediano)$_{Adj}$ + *-ía)Af*$_n$ 'calificación'[78]

R$_3$: N → V + Af$_n$

-ado(a)$_2$[79]

helada)$_N$ → helar)$_V$ + *-ada*$_2$)*Af*$_n$ 'acción y efecto'

sentada)$_N$ → sentar)$_V$ + *-ada*$_2$)*Af*$_n$ 'acción y efecto'

guisado)$_N$ → guisar)$_V$ + *-ado*$_2$)*Af*$_n$ 'acción y efecto'

lavado)$_N$ → lavar)$_V$ + *-ado*$_2$)*Af*$_n$ 'acción y efecto'

-aje

embalaje)$_N$ → embalar)$_V$ + *-aje)Af*$_n$ Forma nombres abstractos

rodaje)$_N$ → rodar)$_V$ + *-aje)Af*$_n$ Forma nombres abstractos

peregrinaje)$_N$ → peregrinar)$_V$ + *-aje)Af*$_n$ Forma nombres abstractos

viraje)$_N$ → virar)$_V$ + *-aje)Af*$_n$ Forma nombres abstractos

-ante/-ente[80]

delineante)$_N$ → delinear)$_V$ + *-ante)Af*$_n$ Valor agentivo

fabricante)$_N$ → fabricar)$_V$ + *-ante)Af*$_n$ Valor agentivo

---

78. Es opinión de M. F. LANG incluir este sufijo dentro del apartado correspondiente a *-ería*, justificándose la presencia de *-ía* en aquellos casos en que la base presente terminación en *-ero*, como aquí, *grosero → grosería*, frente a *tacaño → tacañería* (*Formación...*, pp. 182-183). Nos inclinamos por la solución que propone S. FERNÁNDEZ RAMÍREZ al considerar que se trata de dos sufijos diferentes (*La derivación...*, pp. 22 y 50).

79. Determinadas formas en *-ado, -ada, -ido* son formaciones en su origen de carácter participial, pero que se han convertido en sustantivos, cuya vitalidad es grande (ALVAR y POTTIER, *Morfología...*, p. 394).

80. *-ante, -ente* corresponden a las formas participiales latinas *-ante, -ente* (ALVAR y POTTIER, *Morfología...*, p. 391).

-ción/ -sión[81]

abdicación)$_N$ → abdicar)$_V$ + *-(a)ción)Af*$_n$ 'acción'

recaudación)$_N$ → recaudar)$_V$ + *-(a)ción)Af*$_n$ 'acción'

nutrición)$_N$ → nutrir)$_V$ + *-(i)ción)Af*$_n$ 'acción'

expedición)$_N$ → expedir)$_V$ + *-(i)ción)Af*$_n$ 'acción'

comprensión)$_N$ → comprender)$_V$ + *-sión)Af*$_n$ 'acción'

pretensión)$_N$ → pretender)$_V$ + *-sión)Af*$_n$ 'acción'

señalización)$_N$ → señalizar)$_V$ + *-(a)ción)Af*$_n$ 'colectivo'

-dero(a)[82]

abrevadero)$_N$ → abrevar)$_V$ + *-dero)Af*$_n$ 'lugar en el que se desarrolla la acción del V'

bebedero)$_N$ → beber)$_V$ + *-dero)Af*$_n$ 'lugar en el que se desarrolla la acción del V'

tapadera)$_N$ → tapar)$_V$ + *-dera)Af*$_n$ 'recipiente, habitáculo'

escupidera)$_N$ → escupir)$_V$ + *-dera)Af*$_n$ 'que sirve para V'

-or/-dor(a)

secuestrador)$_N$ → secuestrar)$_V$ + *-dor)Af*$_n$ Valor agentivo

encuadernador)$_N$ → encuadernar)$_V$ + *-dor)Af*$_n$ Valor agentivo; 'profesión'

lavadora)$_N$ → lavar)$_V$ + *-dora)Af*$_n$ 'máquina, aparato'

sembradora)$_N$ → sembrar)$_V$ + *-dora)Af*$_n$ 'máquina, aparato'

---

81. *-ción* es un sufijo que procede directamente del latín *-tione* (ALVAR y POTTIER, *Morfología...*, p. 392).

82. FERNÁNDEZ RAMÍREZ lo señala como sufijo distinto de *-ero* –*La derivación...*, p. 46–, criterio que no es compartido por Alvar y Pottier, que lo relacionan con el primero. El significado locativo lo relaciona, indudablemente, con *-ero$_2$*.

-ura/dura[83]

torcedura)$_N$ → torcer)$_V$ + *-dura)Af*$_n$	'abstracto que significa acción del V'
botadura)$_N$ → botar)$_V$ + *-dura)Af*$_n$	'abstracto que significa acción del V'
soldadura)$_N$ → soldar)$_V$ + *-dura)Af*$_n$	Registro técnico moderno

-ido[84]

ronquido)$_N$ → roncar)$_V$ + *-ido)Af*$_n$	'ruidos, sonidos, voces de animales'
ladrido)$_N$ → ladrar)$_V$ + *-ido)Af*$_n$	'ruidos, sonidos, voces de animales'

-mento/-miento[85]

acercamiento)$_N$ → acercar)$_V$ + *-miento)Af*$_n$	'acción'
conocimiento)$_N$ → conocer)$_V$ + *-miento)Af*$_n$	'acción'
aburrimiento)$_N$ → aburrir)$_V$ + *-miento)Af*$_n$	'acción'
juramento)$_N$ → jurar)$_V$ + *-mento)Af*$_n$	'acción'

83. *-ura* deriva directamente del latín, sin ninguna complicación (ALVAR y POTTIER, *Morfología...,* p. 393). Cf. asimismo, E. MARTÍNEZ CELDRÁN (1973), «Una regla morfofonémica del español: el sufijo nominalizador /-dura/», en *Boletín de Filología Española,* 46-49, pp. 15-25.

84. ALVAR y POTTIER –*Morfología...,* p. 394– lo dan como forma participial relacionada con *-ado₂, -ada₂*, precisamente con el mismo valor que aquí le asignamos: «Es de señalar la especialización de *-ido* para designar 'ruidos'(*estampido*), sobre todo, de animales (*gruñido, ladrido, maullido*). M. F. LANG, por su parte, le concede estatuto independiente, –*Formación...,* pp. 190-191–.

85. Procede del latín *-mentum* (ALVAR y POTTIER, *Morfología...,* p. 392).

base / resultado	Sustantivo	Adjetivo	Verbo
Sustantivo	-ada -aje -al/-ar -ero/-ería -ero$_2$ -ismo/-ista	-ada -ancia/-encia -dad/-tad -ez/-eza -ismo -ía	-ado(a)$_2$ -aje -ante/-ente -ción/-sión -dero(a) -or/-dor(a) -ura/-dura -ido -mento/-miento

Adaptado de ALVAR y POTTIER, *Morfología...*, p. 383

3.2.4.2. *Adjetivización*[86]

Se entiende por adjetivización la formación de adjetivos mediante sufijación, ámbito mucho menos productivo que la nominalización.

R$_4$: Adj → N + Af$_{adj}$

-al[87]

musical)$_{Adj}$ → música)$_N$ + *-al)Af$_{adj}$*   'relativo a, propio de'
ocasional)$_{Adj}$ → ocasión)$_N$ + *-al)Af$_{adj}$*   'relativo a, propio de'
policial)$_{Adj}$ → policía)$_N$ + *-al)Af$_{adj}$*   'relativo a, propio de'

---

86. ALVAR y POTTIER –*Morfología...*, p. 395– prefieren la denominación «la formación adjetiva». Normalmente se utiliza el término *adjetivación;* lo que ocurre es que dicho término puede dar lugar a confusión, pues en sintaxis la adjetivación se entiende como la modificación del nombre por el adjetivo. De ahí que nosotros prefiramos este neologismo, ya utilizado en la traducción de la obra de M. F. LANG (*Formación...*, p. 197).

87. Para ALVAR y POTTIER –*Morfología...*, p. 397– proviene de *-alis.*

-ario

fragmentario)$_{Adj}$ → fragmento)$_N$+ *-ario)Af*$_{adj}$ 'compuesto por'

tributario)$_{Adj}$ → tributo)$_N$ + *-ario)Af*$_{adj}$ 'relativo a'

-ero$_2$[88]

pesquero)$_{Adj}$ → pesca)$_N$ + *-ero$_2$)Af*$_{adj}$ 'relativo a'

algodonero)$_{Adj}$ → algodón)$_N$ + *-ero$_2$)Af*$_{adj}$ 'relativo a'

-esco(a)

burlesco)$_{Adj}$ → burla)$_N$ + *-esco)Af*$_{adj}$ 'relativo a'

caballeresco)$_{Adj}$ → caballero)$_N$ + *-esco)Af*$_{adj}$ 'propio de'

carnavalesco)$_{Adj}$ → carnaval)$_N$ + *-esco)Af*$_{adj}$ 'propio de, relativo a'

-iento(a)

hambriento)$_{Adj}$ → hambre)$_N$ + *-iento)Af*$_{adj}$ 'cualidad del N'

sangriento)$_{Adj}$ → sangre)$_N$ + *-iento)Af*$_{adj}$ 'cualidad del N'

-il

varonil)$_{Adj}$ → varón)$_N$ + *-il)Af*$_{adj}$ 'cualidad del N, propio de'

estudiantil)$_{Adj}$ → estudiante)$_N$ + *-il)Af*$_{adj}$ 'relativo a'

cancioneril)$_{Adj}$ → cancionero)$_N$ + *-il)AF*$_{adj}$ 'relativo a'

-oso(a)[89]

fastidoso)$_{Adj}$ → fastidio)$_N$ + *-oso)Af*$_{adj}$ 'cualidad del N'

odioso)$_{Adj}$ → odio)$_N$ + *-oso)Af*$_{adj}$ 'cualidad del N'

sospechoso)$_{Adj}$ → sospecha)$_N$ + *-oso)Af*$_{adj}$ 'cualidad del N'

angustioso)$_{Adj}$ → angustia)$_N$ + *-oso)Af*$_{adj}$ 'cualidad del N'[90]

---

88. Por lo tanto, proveniente de *-arius*. ALVAR y POTTIER, *Morfología...*, p. 397.

89. Proveniente del latín *-osus* (ALVAR y POTTIER, *Morfología...*, p. 397).

90. Son abundantes las formas adjetivas derivadas en *-oso* que previamente han sufrido un proceso de *haplología:*

-uoso(a)[91]

respetuoso)$_{Adj}$ → respeto)$_N$ + *-uoso)Af*$_{adj}$

defectuoso)$_{Adj}$ → defecto)$_N$ + *-uoso)Af*$_{adj}$

afectuoso)$_{Adj}$ → afecto)$_N$ + *-uoso)Af*$_{adj}$

R$_5$: Adj → Adj + Af$_{adj}$[92]

-ista

europeísta)$_{Adj}$ → europeo)$_{Adj}$ + *-ista)Af*$_{adj}$	'partidario de'
andalucista)$_{Adj}$ → andaluz)$_{Adj}$ + *-ista)Af*$_{adj}$	'partidario de'
valencianista)$_{Adj}$ → valenciano)$_{Adj}$ + *-ista)Af*$_{adj}$	'partidario de'

-enco/-ento[93]

azulenco)$_{Adj}$ → azul)$_{Adj}$ + *-enco)Af*$_{adj}$	'aproximación, que tira a'
amarillento)$_{Adj}$ → amarillo)$_{Adj}$ + *-ento)Af*$_{adj}$	'aproximación, que tira a'

-oso

canoso)$_{Adj}$ → cano)$_{Adj}$ + *-oso)Af*$_{adj}$	'aproximación, que tira a'[94]
verdoso)$_{Adj}$ → verde)$_{Adj}$ + *-oso)Af*$_{adj}$	'aproximación'

habilid(ad) → habilidoso
noved(ad) → novedoso
vanid(ad) → vanidoso.

91. M. F. LANG no incluye estas formas en su trabajo. Tal vez se deba a que los adjetivos formados a partir de este sufijo provienen directamente del latín (< *-uosus, -uosa*) según señala puntualmente S. FERNÁNDEZ RAMÍREZ, *La derivación...*, p. 53.

92. La productividad de esta regla es muy limitada. En la mayoría de los casos los sufijos son extraños.

93. La forma *-ento* está relacionada con *-lento, -liento*, en latín *-lentus, -ulentus: corpulento* (< *corpus*), *fraudulento* (< *fraus, fraudis*) –cf. S. FERNÁNDEZ RAMÍREZ, *La derivación...*, p. 68–.

94. Frente a otra posible derivación *canoso)*$_{Adj}$ → *cana)*$_N$ + *-oso*, que a nuestro entender tendría el significado de 'abundante en canas, que tiene muchas canas'. Al existir el adjetivo *cano*, también se nos antoja como muy posible la derivación que proponemos.

-izo/-dizo[95]

rojizo)$_{Adj}$ → rojo)$_{Adj}$ + *-izo)Af*$_{adj}$ 'aproximación, que tira a'

enamoradizo)$_{Adj}$ → enamorado)$_{Adj}$ + *-izo)Af*$_{adj}$ 'propensión, facilidad, disposición a'

asustadizo)$_{Adj}$ → asustado)$_{Adj}$ + *-izo)Af*$_{adj}$ 'propensión, facilidad, disposición a'

-oide

humanoide)$_{Adj}$ → humano)$_{Adj}$ + *-oide)Af*$_{adj}$ 'aproximación, que tira a'

intelectualoide)$_{Adj}$ → intelectual)$_{Adj}$ + *-oide)Af*$_{adj}$ 'aproximación, que tira a'[96]

R$_6$: Adj → V + Af$_{adj}$

-ble/-able/-ible[97]

deleznable)$_{Adj}$ → deleznar)$_V$ + *-(a)ble)Af*$_{adj}$

---

95. Nos encontramos con dos problemas:
   i) ¿Existen dos sufijos distintos?;
   ii) ¿La base a la que se adjunta es siempre adjetiva?
    Al primer problema se refiere I. BOSQUE en la anotación de la obra de FERNÁNDEZ RAMÍREZ: «En principio, el autor pensó en separar el sufijo *-izo* de *-dizo*, pero todo parece indicar que desistió de considerarlos como dos sufijos distintos» –*La derivación...,* p. 61–. El segundo problema resulta más complejo. El propio FERNÁNDEZ RAMÍREZ deriva *huidizo* de *huido,* pero más adelante *tornadizo* lo refiere a *tornar* o *tornado,* indistintamente. Parece, no obstante, que existe una regla formal: si el participio coincide con la forma derivada se toma como tal forma básica; pero si por distintos motivos se ha modificado, se toma como base la forma verbal. Así ocurre en:
     caedizo (< *caer*), y no del participio *caído;*
     bebedizo (< *beber*), y no del participio *bebido,* etc.
    Por contra, M. F. LANG piensa que *-izo* y *-dizo* son dos sufijos distintos. El segundo se adjuntaría a bases verbales, sin considerar el posible paso intermedio por la forma participial:
     quebrar → *quebradizo* (pero existe *quebrado*);
     resbalar → *resbaladizo* (pero existe *resbalado* –si bien en este último caso es dudoso, si tenemos en cuenta su utilización aislada–).
96. Se aprecia en esta forma cierto valor despectivo.
97. Proveniente de los sufijos latinos *-abilis, -ibilis* (ALVAR y POTTIER, *Morfología...,* p. 397).

defendible)$_{Adj}$ → defender)$_V$ + -(i)ble)Af$_{adj}$

practicable)$_{Adj}$ → practicar)$_V$ + -(a)ble)Af$_{adj}$[98]

-ante/-ente/-iente

degradante)$_{Adj}$ → degradar)$_V$ + -ante)Af$_{adj}$

amante)$_{Adj}$ → amar)$_V$ + -ante)Af$_{adj}$

absorbente)$_{Adj}$ → absorber)$_V$ + -ente)Af$_{adj}$

trascendente)$_{Adj}$ → trascender)$_V$ + -ente)Af$_{adj}$

floreciente)$_{Adj}$ → florecer)$_V$ + -iente)Af$_{adj}$

creciente)$_{Adj}$ → crecer)$_V$ + -iente)Af$_{adj}$

-dor

cegador)$_{Adj}$ → cegar)$_V$ + -(a)dor)Af$_{adj}$

tranquilizador)$_{Adj}$ → tranquilizar)$_V$ + -(a)dor)Af$_{adj}$

prometedor)$_{Adj}$ → prometer)$_V$ + -(e)dor)Af$_{adj}$

-ivo

imitativo)$_{Adj}$ → imitar)$_V$ + -ivo)Af$_{adj}$	'que imita'
abusivo)$_{Adj}$ → abusar)$_V$ + -ivo)Af$_{adj}$	'que abusa'
regresivo)$_{Adj}$ → regresar)$_V$ + -ivo)Af$_{adj}$	'que regresa'[99]

98. Muy común en la lengua actual resulta la adjunción de *-ble* a bases nominales –y, por tanto, no verbales–, especialmente en la llamada «lengua oficial». En este sentido, puede consultarse nuestro trabajo A. MIRANDA (1992), «Sobre la lengua oficial», en *Lazarillo,* Revista de la Asociación Internacional de Traductores, Intérpretes y Profesores de Español (A.I.T.I.P.E.), 2, pp. 42-43, Salamanca. Allí se recogen, entre otras, las siguientes formas:

futurible)$_{Adj}$ (< *futuro*]$_N$);

rectorable)$_{Adj}$ (< *rector*]$_N$);

papable)$_{Adj}$ (< *Papa*]$_N$);

alcaldable)$_{Adj}$ (< *alcalde*]$_N$);

ministrable)$_{Adj}$ (< *ministro*]$_N$).

99. Por analogía, se forman palabras en *-s-ivo* provenientes etimológicamente de los participios pasivos de los verbos correspondientes latinos. Así: *defensivo* (< *defender,* pero existe *defensus* lat.); *evasivo* (< *evadir,* pero existe *evasus* lat. –también existe incluso una forma sustantiva femenina

-ado(a)₂/-ido

bebido)$_{Adj}$ → beber)$_V$ + *-ido)Af*$_{adj}$ 'que ha bebido'

sabido)$_{Adj}$ → saber)$_V$ + *-ido)Af*$_{adj}$ 'que sabe'

cargado)$_{Adj}$ → cargar)$_V$ + *-ado₂)Af*$_{adj}$

R₇: Adj → Adv + Af$_{adj}$[100]

-ano

cercano)$_{Adj}$ → cerca)$_{Adv}$ + *-ano)Af*$_{adj}$

lejano)$_{Adj}$ → lejos)$_{Adv}$ + *-ano)Af*$_{adj}$

base resultado	Sustantivo	Adjetivo	Verbo	Adverbio
Adjetivo	-al -ario -ero₂ -esco(a) -iento(a) -il -oso(a) -uoso(a)	-ista -enco/-ento -oso -izo/-dizo -oide	-ble/-able/-ible -ante/-ente/-iente -dor -ivo -ado₂/-ido	-ano

Adaptado de ALVAR y POTTIER, *Morfología...*, p. 396

evasiva–), etc. Además, podemos añadir en este sentido que el sufijo *-ivo* posee una gran vitalidad que se percibe en formaciones como *sorpresivo* (muy probablemente formado a partir de ← *sorpresa*, y no de sorprender, de donde su mejor definición «que causa *sorpresa*». Por otra parte, esta vitalidad ha dado lugar a numerosas denominaciones de cargos o profesiones (*administrativo, ejecutivo, facultativo*), otras que designan términos gramaticales (*demostrativo, imperativo, comparativo*) y algunas más (*rotativo* –'periódico'–, *incentivo*, etc.). Cf. S. FERNÁNDEZ RAMÍREZ, *La derivación...*, pp. 58-60.

100. Muy poco productiva en español. Tan sólo ofrecemos dos ejemplos. Quizá sea ésta la razón por la que M. F. LANG no incluye en su relación esta posibilidad. FERNÁNDEZ RAMÍREZ, por contra, lo cita, aunque de pasada, dentro del *grupo mixto* de formas en *-ano* (*La derivación...*, p. 41). Finalmente, A. ALONSO-CORTÉS, *Lingüística General*, p. 149, sí que incluye esta regla de formación de adjetivos a partir de adverbios.

3.2.4.3. Verbalización[101]

Entendemos por *verbalización* la formación de verbos a través de un número necesariamente limitado de sufijos. Las reglas de formación de nuevos verbos responden en español a las siguientes fórmulas:

R_8: $V \rightarrow N + Af_v$

-ar

taponar)$_V$ → tapón)$_N$ + *-ar)Af$_v$	'Poner'
almacenar)$_V$ → almacén)$_N$ + *-ar)Af$_v$	'Situar en'
explosionar)$_V$ → explosión)$_N$ + *-ar)Af$_v$	'Hacer explosión'

-ear

discursear)$_V$ → discurso)$_N$ + *-ear)Af$_v$	Valor frecuentativo
mariposear)$_V$ → mariposa)$_N$ + *-ear)Af$_v$	Valor frecuentativo
relampaguear)$_V$ → relámpago)$_N$ + *-ear)Af$_v$	Valor frecuentativo

-izar[102]

obstaculizar)$_V$ → obstáculo)$_N$ + *-izar)Af$_v$	Valor causativo
vaporizar)$_V$ → vapor)$_N$ + *-izar)Af$_v$	Valor causativo

-ificar[103]

gasificar)$_V$ → gas)$_N$ + *-ificar)Af$_v$

R_9 : $V \rightarrow Adj + Af_v$

-ear

amarillear)$_V$ → amarillo)$_{Adj}$ + *-ear)Af$_v$

---

101. ALVAR y POTTIER prefieren hablar de «la formación verbal» (*Morfología...*, p. 398).

102. Para ALVAR y POTTIER, *-izar* –forma culta– y *-ear* –forma popular– provienen del sufijo latino *-issare,* proveniente, a su vez de una forma griega.

103. Proviene del latín *-ificare* (ALVAR y POTTIER *Morfología...*, p. 400).

-izar

impermeabilizar)$_V$ → impermeable)$_{Adj}$ + *-izar)Af*$_v$
visibilizar)$_V$ → visible)$_{Adj}$ + *-izar)Af*$_v$

-ecer

humedecer)$_V$ → húmedo)$_{Adj}$ + *-ecer)Af*$_v$ Valor incoativo
palidecer)$_V$ → pálido)$_{Adj}$ + *-ecer)Af*$_v$ Valor incoativo
languidecer)$_V$ → lánguido)$_{Adj}$ + *-ecer)Af*$_v$ Valor incoativo

-ificar

purificar)$_V$ → puro)$_{Adj}$ + *-ificar)Af*$_v$
simplificar)$_V$ → simple)$_{Adj}$ + *-ificar)Af*$_v$
dulcificar)$_V$ → dulce)$_{Adj}$ + *-ificar)Af*$_v$

R$_{10}$: V → V + Af$_v$

-ear

lloriquear)$_V$ → llorar)$_V$ + *-ear)Af*$_v$ Valor frecuentativo
corretear)$_V$ → correr)$_V$ + *-ear)Af*$_v$ Valor frecuentativo
pisotear)$_V$ → pisar)$_V$ + *-ear)Af*$_v$ Valor frecuentativo
pintarrajear)$_V$ → pintar)$_V$ + *-ear)Af*$_v$ Valor frecuentativo

base resultado	Sustantivo	Adjetivo	Verbo
Verbo	-ar -ear -izar -ificar	-ear -izar -ecer -ificar	-ear

Adaptado de ALVAR y POTTIER, *Morfología...*, p. 398

3.2.4.4. Adverbialización

El proceso morfológico de formación de adverbios en español se reduce a la adjunción de -*mente* a adjetivos, esto es, expresado en forma de regla:

R_{11}: Adv → Adj + Af_{adv}

ligeramente)$_{Adv}$ → ligero)$_{Adj}$ + -*mente)Af_{adv}*
violentamente)$_{Adv}$ → violento)$_{Adj}$ + -*mente)Af_{adv}*
velozmente)$_{Adv}$ → veloz)$_{Adj}$ + -*mente)Af_{adv}*
originalmente)$_{Adv}$ → original)$_{Adj}$ + -*mente)Af_{adv}*

3.3. Derivación regresiva

Posee una gran importancia en la lengua española contemporánea. Este fenómeno conocido en inglés por el término *back formation* debe su nombre al hecho de que mediante este tipo de derivación las nuevas palabras resultantes poseen un cuerpo formal inferior al que poseían en su forma primitiva, cuando lo habitual es que se produzca lo contrario. Los sufijos que dan lugar a este fenómeno en español son los siguientes:

-a

pelear)$_V$ → pele*a*)$_N$
pagar)$_V$ → pag*a*)$_N$ (también *pag**o**]$_N$)
contender)$_V$ → contiend*a*)$_N$
sembrar)$_V$ → siembr*a*)$_N$

-e

arrancar)$_V$ → arranqu*e*)$_N$
bailar)$_V$ → bail*e*)$_N$
botar)$_V$ → bot*e*)$_N$
cantar)$_V$ → cant*e*)$_N$ (también *canto*]$_N$)

148

-o

agobiar)$_V$ → agobi*o*)$_N$
bautizar)$_V$ → bautiz*o*)$_N$
suministrar)$_V$ → suministr*o*)$_N$
tirar)$_V$ → tir*o*)$_N$

-(e)o[104]

abanico)$_N$ → abanicar)$_V$ → abanique*o*)$_N$
cabeza)$_N$ → cabecear)$_V$ → cabece*o*)$_N$
bomba)$_N$ → bombardear)$_V$ → bombarde*o*)$_N$
bomba)$_N$ → bombear)$_V$ → bombe*o*)$_N$

3.4. CONVERSIÓN MORFOLÓGICA

La *conversión* es un proceso morfológico por el que un lexema (palabra) que pertenece a una categoría pasa a adquirir las propiedades de otro sin la necesidad de un sufijo. Por este motivo también se denomina a este proceso *sufijación nula*.

Según esto, las posibilidades que se presentan en español son:

$V \leftrightarrow N$ [fumar]$_V$ ↔ [fumar]$_N$
               [atardecer]$_V$ ↔ [atardecer]$_N$
               [despertar]$_V$ ↔ [despertar]$_N$

Podemos aportar pruebas de orden sintáctico para justificar el proceso. En efecto, [fumar]$_N$ se coordina en función de sujeto con otros sustantivos:

---

104. M. F. LANG propone una derivación regresiva en *-eo* (*Formación...,* p. 193). Por su parte, S. FERNÁNDEZ RAMÍREZ –*La derivación...*, p. 19– aunque sitúa en grupo aparte los «sustantivos postverbales de verbos en *-ear*», no duda en adscribirlos a la terminación *-o*, «raras veces [tienen postverbales] en *-a*». Nos inclinamos por esta segunda teoría por cuanto la derivación regresiva en español se limita en el resto de los casos a prescindir de la terminación verbal del infinitivo (*-ar, -er, -ir*); no parecería lógico que aquí se perdiera previamente la totalidad del sufijo derivativo (*-ear*), para volver a adjuntarle la *e*. En todo caso, no queremos excluir en la descripción ninguna de las dos posibilidades, por lo que señalamos la *e* de la discordia entre paréntesis.

Deporte y fumar no son compatibles; Deporte y fumar le gustan mucho a Pepe.
En ocasiones, las formas nominales presentan flexión de número: *Los atarde-ceres resultan hermosos.* Por último, las formas nominales pueden ir acompa-ñadas por un especificador: *Juan tiene un despertar agitado.* Estos mismos fe-nómenos u otros similares pueden aplicarse a la siguiente fórmula:

$A \leftrightarrow N$ $[\text{dulce}]_{Adj} \leftrightarrow [\text{dulce}]_N$ 'pastel'

     $[\text{amarguillo}]_{Adj} \leftrightarrow [\text{amarguillo}]_N$ 'pastel de almendras'

Con todo, la conversión es una relación de aplicación o proyección entre lexemas, uno de los cuales tiene virtualmente las distintas categorías. La re-presentación $\leftrightarrow$ se justifica porque «es posible la doble direccionalidad»[105]. Desde el punto de vista de la Gramática Funcional, este fenómeno queda adscrito a la Morfosintaxis –incluso más bien a la pura Sintaxis– y recibe el nombre de *trasposición.*

---

105. Fuente: A. ALONSO-CORTÉS, *Lingüística General,* p. 155.

4. Incorporación nominal

Se trata de un proceso morfológico consistente en incorporar al verbo el complemento formando con éste un nuevo verbo. El nombre tiene un papel temático (o función semántica) de paciente, locativo o instrumental. Las lenguas románicas tienen palabras cuyo origen es éste, pero suelen ser casos muy extraños. Algunos ejemplos los encontramos en *rabiatar* (=*atar el rabo*), *pelechar* (=*echar {el pelo/la pluma}* [un animal]), *maniatar* (=*atar la(s) mano(s)*[1].

---

1. *Apud* A. ALONSO-CORTÉS, *Lingüística General,* p. 144. Allí aduce ejemplos de incorporación nominal perteneciente a otras lenguas, siendo este proceso especialmente productivo en inglés.

5. Composición

En el capítulo 2 hemos definido la *composición* como el proceso de formación de palabras en virtud del cual a partir de dos lexemas se crea uno nuevo. Con todo, no faltan quienes, atendiendo a un plano nocional (y, por tanto, no formal, no estructural) defienden la existencia de un cierto paralelismo entre *sufijación* y *composición*:

> «Sufijación y composición representan dos soluciones distintas a un mismo problema: el de la integración, en el plano de la palabra, de los elementos de una construcción analítica; esta afinidad entre sufijación y composición aparece en *cabrero = guardacabras*»[1].

No obstante, mantendremos el criterio de distinción, atendiendo a cuestiones estructurales. Porque, en efecto, el concepto de *composición* implica un estadio intermedio entre la palabra y la frase. Una estructura compuesta por dos o más palabras unidas gráficamente comporta indiscutiblemente la adscripción a la categoría de *compuesto*:

agrio + dulce → agridulce
boca + calle → bocacalle
sordo + mudo → sordomudo
compra + venta → compraventa

Este tipo de estructura recibe el nombre de *compuesto ortográfico*.

Pero, junto a éste, también se consideran *compuestos* todos aquellos sintagmas (frases) cuyos constituyentes no están gráficamente unidos, pero que, sin embargo, constituyen una unidad semántica y mantienen relaciones sintácticas semejantes a las que presenta una estructura frástica u oracional[2]:

---

1. ALVAR y POTTIER, *Morfología...*, p. 361.
2. A este tipo de formaciones compuestas M. ALVAR EZQUERRA les atribuye el nombre de *sinapsia* –*La formación...*, pp. 22-24–.

153

ojo + de + buey → ojo de buey
huelga + patronal → huelga patronal
fecha + límite → fecha límite
llave + inglesa → llave inglesa

Que estas formaciones son *compuestos* se demuestra al comprobar cómo, en no pocas ocasiones, sus equivalentes en otras lenguas (por ejemplo, en inglés) constituyen una unidad ortográfica, por más que, también en tales lenguas, puedan presentar una estructura interna compleja:

esp.	ingl.
ojo de buey	porthole
huelga patronal	lockout
fecha límite	deadline
llave inglesa	spanner[3]

Una vez aclarado el problema de la unión, incluso en aquellos compuestos no ortográficos, surge una nueva cuestión: la naturaleza de la estructura de dicha unión. La formación de compuestos es de origen múltiple. Por una parte, existen *frases* que originan *compuestos:*

[*boca de la manga*] → *bocamanga*

Pero, una vez formado el *compuesto,* el hablante no tiene intuición sobre la existencia de la misma, «por lo que no puede proponerse una estructura de frase para el compuesto»[4]. Otro origen se halla en la mera *yuxtaposición* o *coordinación: charla coloquio, cena debate, casa cuartel...* Varias frases podrían subyacer a estos compuestos (*charla y coloquio, charla con coloquio, charla que es coloquio,* etc.). Lo que ocurre es que lo que explicamos de esta forma es la *semántica* del *compuesto,* no estamos dando cuenta de su estructura. Además, la *semántica* del compuesto radica precisamente en el hecho de que no se deriva de la suma de los significados de sus componentes –como ocurría en el caso de la *prefijación* y de la *sufijación*–; piénsese en el significado de los si-

---

3. M. F. LANG, *Formación...,* p. 91. Cf. *ut supra* Cap. 2, apartado 2.3.
4. A. ALONSO-CORTÉS, *Lingüística General,* p. 143. Puede consultarse también A. MANTECA ALONSO-CORTÉS, «Sintaxis del compuesto».

guientes *compuestos* y compárese con el significado de cada uno de sus componentes tomados de modo independiente: *pájaro carpintero, tren expreso, hombre rana...*

El español presenta fundamentalmente los siguientes tipos de compuestos[5]:

I - N + Prep + N[6]

agua + de + borrajas → *agua de borrajas*	'cosa sin importancia'
alma + de + caballo → *alma de caballo*	'persona sin escrúpulo que comete maldades'
cabello + de + ángel → *cabello de ángel*	'dulce de almíbar que se hace con cidra cayote'
diente + de + leche → *diente de leche*	'cada uno de los de la primera dentición'
pata + de + gallo → *pata de gallo*	'arruga que con los años se forma en el ángulo externo de cada ojo'

II-a N + Adj

agua + marina → *aguamarina*	'variedad de piedra preciosa de color semejante al agua de mar, muy apreciada en joyería'
agua + ardiente → *aguardiente*	'bebida alcohólica que se saca por destilación del vino y de otras sustancias'
arma + blanca → *arma blanca*	'la ofensiva de hoja de acero, como, por ejemplo, la navaja'

5. Seguimos la tipología establecida por E. BUSTOS GISBERT, *La composición nominal en español,* pp. 363-463.

6. No consideraremos relevante en lo sucesivo la unión ortográfica de los diferentes compuestos que utilicemos a modo de ejemplo.

campo + santo → *campo santo* o *camposanto*	'cementerio de los católicos'
carta + blanca → *carta blanca*	'facultad amplia que se da a alguno para obrar en determinado negocio'

II-b Adj + N

mala + pata → *malapata*	'persona sin gracia'
media + naranja → *media naranja*	'persona que se adapta tan perfectamente al gusto y carácter de la otra, que ésta la mira como la mitad de sí'
rico + hombre → *ricohombre*	'el que antiguamente pertenecía a la primera nobleza de España'
siete + colores → *sietecolores*	'jilguero'
verde + hoja → *verdehoja*	'variedad de la uva de color de verde'

III- N + N

cartón + piedra → *cartón piedra*	'pasta de cartón o papel, yeso y aceite secante que luego se endurece mucho con la cual puede hacerse toda clase de figuras'
coche + cama → *coche cama*	'vagón de ferrocarril de varios compartimentos con asientos que se pueden convertir en cama y también, a veces, unas literas suspendidas del techo'
madre + selva → *madreselva*	'mata fructífera con tallos largos, trepadores y vellosos en las partes más tiernas'

vara + palo → *varapalo*	'pesadumbre o desazón grande'
zarza + parrilla → *zarzaparrilla*	'arbusto'; 'bebida refrescante preparada con esta planta'

IV- V + Complemento

avisa(< avisar) + coche(s) → *avisacoches*	'persona que, mediante una gratificación, se encarga de avisar al conductor de un automóvil estacionado cuando el dueño o el ocupante le requiere'
busca(< buscar) + vida(s) → *buscavidas*	'persona diligente en buscarse por cualquier medio lícito el modo de vivir'
corre(< correr) + calle(s) → *correcalles*	'juego infantil'
chupa(< chupar) + tinta(s) → *chupatintas*	'oficinista de poca categoría (despectivo)'
espanta(< espantar) + pájaro(s) → *espantapájaros*	'espantajo que se pone en los sembrados y en los árboles para ahuyentar los pájaros'

V- V + V

duerme(< dormir) + vela(<velar) → *duermevela*	'sueño ligero en que se halla el que está dormitando'
gana(< ganar) + pierde(< perder) → *ganapierde*	'manera especial de jugar a las damas en que gana el que logra perder todas las piezas'

157

pica(< picar) + pica(< picar) → *picapica*   'polvos, hojas o plumillas vegetales que, aplicados sobre la piel de las personas, causan una gran comezón'

teje(< tejer) + maneje(< manejar) → *tejemaneje*   'afán, destreza y habilidad con que se hace una cosa o se maneja un negocio'

va(< ir) + ven(< venir) → *va(i)vén*   'movimiento alternativo de un cuerpo que después de recorrer una línea vuelve a describirlo caminando en sentido contrario'

VI- N + i + Adj

ala + i + caído → *alicaído*   'débil, falto de fuerzas, triste, desanimado'

boca + i + abierto → *boquiabierto*   'que está embobado mirando alguna cosa'

cabeza + i + bajo → *cabizbajo*   'dícese de la persona que está abatida, triste'

cara + i + redondo → *carirredondo*   'redondo de cara, que tiene redonda la cara'

pelo + i + cano → *pelicano*   'que tiene el pelo cano'

VII- Adj + Adj

agrio + dulce → *agridulce*   'que tiene mezcla de agrio y dulce'

ancho + corto → *anchicorto*   'ancho y corto'

greco + romano → *grecorromano*   'perteneciente a griegos y romanos, o compuesto de elementos propios de uno y otro pueblo'

todo + poderoso → *todopoderoso*   'que todo lo puede'
verde + negro → *verdinegro*   'de color verde y negro'

VIII- Adv + Adj

bien + aventurado → *bienaventurado*   'feliz, afortunado'

bien + hablado → *bienhablado*   'que habla cortésmente y sin murmurar'

mal + contento → *malcontento*   'descontento o disgustado'

mal + hablado → *malhablado*   'desvergonzado o atrevido al hablar'

mal + herido → *malherido*   'herido de gravedad o de muerte'

6. Combinación

El término inglés *blend* [combinado] se suele utilizar para designar a una serie de formas complejas en las que la relación que se establece entre los constituyentes no se corresponde exactamente ni con el modelo compositivo ni con la derivación afijal. Al proceso se le denomina *blending,* de donde el término *combinación*[1]:

cantante + autor → *cantautor*
secretaria + azafata → *secrefata*
italiano + español → *itañol*
Cataluña + España → *Cataleña*

En estos ejemplos, partes de dos palabras o palabras y parte de otras se combinan para producir un derivado cuyo significado resulta de un cruce entre los constituyentes. Estas formaciones se crean de manera espontánea y deliberada. Lo que aquí hemos denominado «parte» (de una palabra) no suele coincidir con ningún tipo de morfema convencional –afijo o raíz–. La separación que constituye la forma *secre* en *secretaria,* por ejemplo, no corresponde a la estructura morfémica de la base, y la división de *italiano* y *español* en *itañol* tampoco se corresponde con la estructura esperable en la composición habitual. Por su parte, la base del primer constituyente de *cantautor* es *cantante* y no *cantar,* de manera que la división, una vez más, no responde a los requisitos habituales que exige la raíz en una estructura compleja. Con todo, si considerásemos el hecho de que dos lexemas independientes se reúnen en uno solo, estas formaciones poseerían una de las características fundamentales que presenta la estructura *compuesta*[2].

---

1. Ejemplos aducidos por M. F. Lang, *Formación...,* p. 258.
2. V. Adams se refiere a estas formas como «combinados-compuestos» [*compound-blends*] y las define como «formas contractas de composición» (*Vid.* su trabajo (1973) *Introduction to Modern English Word Formation,* Longmans, London. La cita corresponde a la p. 146).

161

Para Urrutia Cárdenas, estos ejemplos forman parte de lo que él denomina *reducción de las lexías compuestas* por síncopa o pérdida de fonemas o morfemas en el interior de la lexía[3]. Los ejemplos que recoge presentan en lo esencial la misma estructura que los señalados por Lang:

Europa + visión → *Europavisión → *Eurovisión*
Europa + Asia → *Europaasia → *Eurasia*
Microscópico + filme → *Microscopicofilme → *Microfilme*
Morfología + Sintaxis → *Morfologiasintaxis → *Morfosintaxis*

Para el profesor Urrutia, las diferencias entre las formas íntegras y las reducidas se da, en el interior del sistema, por la diferente distribución sintagmática y contextual. Se puede establecer una gradación desde las formas más naturales y usuales hasta las arbitrarias y especializadas. En función de estas diferencias, algunas formas, como *microfilme,* se sienten ya no como reducción de lexías compuestas, sino como lexías cuya base es modificada por un elemento prefijoide.

La reducción de lexías para formar otras, con nuevos valores estilísticos y lingüísticos, aunque sin diferencias lógico-representativas, es un fenómeno moderno, en cuanto a su campo de aplicación y frecuencia, y antiguo, en cuanto se explica por el fenómeno de la elipsis gramatical. Con todo, las reducciones tienen su origen en el uso de grupos especiales de hablantes, en un medio particular de vida. Esta explicación general se completa al agregar que los medios de comunicación y el lenguaje de la publicidad divulgan la innovación hasta incorporar la reducción en el uso general. Las formas de origen más extendido y que poseen mayor expresividad pasan a la lengua escrita.

---

3. H. Urrutia Cárdenas, *Lengua y discurso en la creación léxica,* p. 254.

Segunda Parte:
LEXICOLOGÍA

7. El acortamiento de palabras

El acortamiento de las palabras puede producirse de diversas maneras, lo que origina, a su vez, categorías léxicas diferentes. La primera distinción que suele efectuarse se basa en el carácter fónico o gráfico de tal acortamiento. En el primer caso, hablaremos de *abreviación* o *abreviamiento;* en el segundo, de *abreviatura.*

7.1. ABREVIACIÓN O ABREVIAMIENTO

El *abreviamiento* es «la reducción del cuerpo fónico de una palabra»[1]. Normalmente, la pérdida es de sílabas completas, no de sonidos aislados, y suele ser por apócope, rara vez por aféresis. Así, *cinematógrafo* se reduce a *cine; fotografía* a *foto; televisión* a *tele; profesor* a *profe; zoológico* a *zoo,* etc. Existe una fuerte tendencia a la *lexicalización* del resultado del abreviamiento, pues es compatible con las estructuras fónicas de nuestra lengua, necesitando tan sólo, en alguna ocasión, la colocación del acento en la penúltima sílaba si se hallaba, en la voz original, en la parte suprimida.

---

1. F. LÁZARO CARRETER, *Diccionario...,* s.v. *Apud* Manuel ALVAR EZQUERRA y Aurora MIRÓ DOMÍNGUEZ, *Diccionario de siglas y abreviaturas,* Alhambra, Madrid, p. 3. También en M. ALVAR EZQUERRA, *La formación...,* p. 44: «El *abreviamiento,* o *truncamiento,* consiste en la reducción del cuerpo fónico de la palabra». M. F. LANG, *Formación...,* p. 260, utiliza el término (inglés) *clipping* que nosotros tradujimos como *acortamiento,* siguiendo la propuesta de Agustín VERA LUJN (1991), «Reseña a Lang, M.F. *Spanish Word Formation. Productive Derivational Morphology in the Modern Lexis*», en *Revista de Filología Española,* LXXI, pp. 373-381. El término al que aludimos aparece reseñado en la p. 380. Por contra, José MARTÍNEZ DE SOUSA –(1984) *Diccionario Internacional de Siglas y Acrónimos,* Pirámide, Madrid–, prefiere utilizar el término *abreviación* de forma genérica, para, dentro de él, distinguir diversos tipos: *abreviatura, criptónimo, asterónimo, cifra* o *monograma* y *abreviamiento* –no como sinónimo, por tanto, de *abreviación,* sino como un tipo particular de éste–.

7.1.1. *Acronimia*

Una clase especial de *abreviamiento* lo constituye la *acronimia* o unión de los extremos opuestos de dos palabras: el principio de la primera y el final de la segunda, o el final de la primera y el comienzo de la última. Los *acrónimos* se denominan también *palabra-percha* o *palabra-maleta* debido a su peculiar proceso de formación. Ejemplos de acrónimos los encontramos en formaciones como las siguientes:

*auto*móvil ómni*bus* → *autobús*
poli*éster gal*o → *tergal*
*trans*fer res*istor* → *transistor*

Debido a la dificultad del proceso de formación resultan ser complejos de los que apenas se hace uso, por más que sus resultados son altamente expresivos. Por otra parte, los *acrónimos* son casi inexistentes en nuestra lengua, y los pocos que aparecen vienen de otros idiomas, en los que estas formaciones presentan una mayor vitalidad –tal es el caso del inglés, por ejemplo–: *brunch* < *br*eakfast l*unch; motel* < *mo*torist ho*tel*.

Debe quedar claro el proceso seguido en los *acrónimos* –unión de los extremos opuestos de dos palabras–, pues habitualmente se confunde con la unión del comienzo de varias palabras: *ASTANO* (Astilleros y Talleres del NorOeste), *HUNOSA* (HUlleras del NOrte Sociedad Anónima). Estos elementos son compuestos fruto de la *abreviatura* y no del *abreviamiento,* razón esta última por la que se pueden escribir con un punto al final de cada uno de sus elementos constituyentes, lo que nunca sucede con los acrónimos[2]. Bien

---

2. Con todo, se ha extendido enormemente la denominación genérica de *acrónimos* para referirse a «la formación de nuevos términos mediante la combinación de las letras iniciales de los nombres de instituciones» (M. F. LANG, *Formación...*, p. 11). Este mismo criterio es el que se desprende de la lectura de no pocos manuales de Lingüística aparecidos recientemente, por ejemplo, en A. AKMAJIAN; R. A. DEMERS; A. K. FRAMER; R. M. HARNISH (1990[3]), *Linguistics. An Introduction to Language and Comunication,* M.I.T, Mass. Por el contrario, J. ALGEO (1973), «Acronyms», en *American Speech,* 48, 3-4, pp. 269-274 defiende la postura que exponemos –diferenciación de ambos fenómenos: *acronimia* y *sigla*–, p. 272. De modo muy semejante parece expresarse L. ZGUSTA (1971), *Manual of Lexicography,* Mouton, Praga-La Haya-París, que prefiere denominar *composición inorgánica* a las *siglas.*

es cierto que está desapareciendo el uso del punto final en este tipo de abreviaturas, bien porque en muchas de ellas se busca una expresividad que parece
deshacerse con la interposición de los puntos, bien por pura comodidad. En este
sentido, hay que señalar que existen no pocas formaciones complejas de este tipo
en las que no aparecen todos los elementos componentes, o cambian su posición en el neologismo, o participan de algunas características de los acrónimos. Por ejemplo, ¿dónde se colocarían los puntos en las siguientes formas?:

CASRAMA	Consorcio del Abastecimiento de Agua y Sanea- miento de la Sierra de Madrid;
INTELHORCE	Industrias Textiles de Guadalhorce;
MATENSA	Materiales Prensados Sociedad Anónima.

7.2. ABREVIATURA

7.2.1. *Abreviatura simple*

La *abreviatura* consiste en la «representación de una palabra en la escritura con una o varias de sus letras»[3]. Puede suprimirse cualquier letra de la palabra, menos la primera, clave para la identificación de lo suprimido. Incluso
en los símbolos, por más que su motivación se nos presente algo oscura, se
cumple esta regla: así, el símbolo del *fósforo* es *P* porque en la transliteración
latina era *phosphoros;* el sodio, *Na,* porque se toma de *natrum,* etc. La *abreviatura* es conocida desde muy antiguo, y durante mucho tiempo se utilizaron
diversos signos para señalar qué era lo eliminado, pues la comodidad del aho-
rro de unos cuantos elementos de la escritura traía consigo el inconveniente
de la dificultad para la interpretación de lo escrito, ya que varias palabras podían confluir en una misma abreviatura. En nuestro sistema gráfico actual
aún tenemos restos de aquella costumbre: la tilde de la *ñ* indicaba la supre-

---

3. F. LÁZARO CARRETER, *Diccionario...*, s.v. *Apud* M. ALVAR EZQUERRA y A. MIRÓ, *Diccionario...,* p. 3.

sión de una nasal; la raya que en ocasiones se escribe en la *q* solía marcar la eliminación de las letras *ue*. En las *abreviaturas* la reducción se efectúa por apócope (*d.* → don; *s.* → san; *her.* → heredero) o por síncopa (*admón.* → administración; *dr.* → doctor), nunca por aféresis. En cualquier caso, este tipo de abreviatura *(simple)* no da lugar a nuevas formas léxicas, precisamente porque se lee la palabra (originaria) completa. No se trata, pues, de un procedimiento fónico, sino gráfico.

7.2.2. *Abreviatura compuesta*

Este tipo de abreviatura resulta, por lo general, de la reducción de fórmulas más o menos estereotipadas: *b.s.p.* «besa sus pies», *d.e.p.* «descanse en paz», *q.e.s.m.* «que estrecha su mano». Al igual que en el caso de las abreviaturas simples, en éstas tampoco se lee su forma, sino su contenido, dado que la motivación de su origen parece muy evidente. Suelen escribirse con mínúsculas y un punto detrás de cada uno de sus formantes, si bien no resulta extraño encontrarlas escritas con mayúsculas, por influencia no sólo de las *siglas* –abreviaturas complejas–, sino porque el respeto hacia personas o lugares que contienen hace que aparezcan letras mayúsculas en el lugar que correspondiente:

M.I.C.	«Muy Ilustre Ciudad»
q.D.g.	«que Dios guarde»
S.D.M.	«Su Divina Majestad».

7.2.3. *Abreviatura compleja o sigla*

Estas abreviaturas se refieren a los nombres propios, hecho que provoca el que, en términos generales, su motivación sea más oscura para el hablante, que no podrá desarrollar su contenido por desconocerlo, e intentará pronunciar la forma de la mejor manera posible, concediendo a cada letra el sonido que representa habitualmente en la escritura. Así, cuanto más lejana resulte la motivación de la *sigla,* tanto más sencilla resultará la lexicalización del complejo. Es ésta la razón por la que este procedimiento, lejos de lo que ocurría en el caso de la *abreviatura simple,* es generador de un buen número de nuevas palabras. Es más, en no pocas ocasiones, llega a perderse la conciencia de sigla, llegándose a la completa lexicalización del término en cuestión: *talgo* (Tren Articulado Ligero, Goicoechea Oriol). En ocasiones, la lexicalización es aún más fácil cuando la procedencia de la sigla corresponde a un complejo expresado en otra lengua, porque el intento de reconstrucción del contenido pleno de la *sigla* puede llegar a ser desconocido incluso para quien la emplea. ¿Acaso todos los hablantes que utilizan siglas como las que desarrollamos a continuación conocen exactamente el contenido de dicho desarrollo?:

NASA	National Aeronautics and Space Administration
UNICEF	United Nations International Children's Emergency Fund
GESTAPO	GEheime STAatsPOlizei

Con todo, no faltan ejemplos de siglas que responden a una *traducción* –en este caso, al español– de los contenidos que representaban en otras lenguas:

EEUU	Estados Unidos (de Norteamérica), en lugar de: *USA* –United States (of America)–;
ONU	Organización de las Naciones Unidas, en lugar de: *UNO* –United Nations Organization–;
OTAN	Oaraganización del Tratado del Atlántico Norte, en lugar de: *NATO* –North Atlantic Treaty Organization–.

Execeptuados estos casos y pocos más, resultan vanos los intentos de traducción de las siglas extranjeras, pues en la versión española puede romperse su antigua forma y desaparecer la facilidad de su pronunciación, o la expresividad, al mismo tiempo que se pierde el carácter universal de la formación. Así, resultarían grotescas traducciones o intentos de traducción como por ejemplo:

UNESCO	United Nations Educational, Scientific and Cultural Organization (Cf. *ONUECC –Organización de las Naciones Unidas para la Educación, la Ciencia y la Cultura–).

Frente a otros elementos del lenguaje, la sigla no es arbitraria, sino que, como afirma L. Guilbert, «resulta de la trasposición a una forma reducida de la serie de determinaciones que sustenta la unidad sintagmática en su fórmula

169

lexemática; es una reducción gráfica y fonética de una secuencia sintáctica que se considera demasiado larga para poderse utilizar en la comunicación, y a la vez, mantiene la relación gramatical entre los elementos por la referencia a cada componente constitutivo del conjunto»[4]. Esta economía expresiva ha provocado la aparición de numerosísimas siglas en los últimos años.

La diferencia entre abreviaturas y siglas –las primeras son fórmulas consagradas en la lengua, y las segundas son nombres propios– queda confirmada por la distinta manera de pronunciación. Mientras que en las primeras se hace explícito su contenido –es una secuencia de reducciones gráficas–, en las segundas no, leyéndose sólo su forma. De este modo, se puede afirmar que la abreviatura se convierte en sigla cuando deja de pronunciarse su desarrollo completo, para dar cuenta, nada más, de la forma. Por ello, *RN* «Radio Nacional» (o *RNE* «Radio Nacional de España») es, en este sentido, una abreviatura: se reproduce lo abreviado; pero, *COPE* («Cadena de Ondas Populares Españolas») o *SER* («Sociedad Española de Radiodifusión») son siglas propiamente dichas –se pronuncia la forma reducida: [kópe], [sér]–.

Tampoco es ajeno a este fenómeno de las siglas su utilización –su creación– para uso humorístico. M. Casado Velarde habla, en este sentido, de «derivados síglicos con intención humorística»[5]. El *PREMAMA* designaba a la «PREnsa MArginal MAdrileña». Cuando el hablante no encuentra o no quiere encontrar el desarrollo exacto de la sigla, busca un modo de expresividad jocoso, festivo, en ocasiones facilitado por la sigla: el *FLP* (Frente de Liberación Popular) era hace años el *Felipe*. Pero, aun sin tener que recurrir a estos extremos, el Comité Organizador de los Juegos Olímpicos era el *COJO* [kóxo]. Se suele recordar en este sentido cómo Rabelais interpretaba *SPQR* (Senatus PopulusQue Romanus), que el Imperio Romano extendió por todo el mundo, como «si peu que rien»; o cómo el antiguo *PSA* (Partido Socialista de

4. L. Guilbert, *La creativité lexicale,* p. 275: «Le sigle résulte du double souci d'obtenir une réduction graphique et phonétique de la séquence syntaxique estimée trop longue pour être facilement utilisable dans la communication, et de maintenir la relation syntaxique entre les éléments par la référence à chaque composant constitutif de l'ensemble». *Apud* M. Alvar Ezquerra y A. Miró Domínguez, *Diccionario...,* p. 11.

5. M. Casado Velarde (1979), «Creación léxica por acronimia en español actual», en *Español actual,* 35-36, pp. 35-43.

Andalucía) era conocido como Partido de los Señoritos de Andalucía –en virtud de los antecedentes de algunos de sus dirigentes–. Los guardias municipales –hoy elevados a la pomposa categoría de *policías municipales*– no goza(ba)n de muy buena prensa entre algunos sectores populares, lo que se ha traducido en no pocos dichos populares (p.e. *Ser más vago que la chaqueta de un guardia*). Por ello, las antiguas siglas *GM* (Guardia Municipal) –hoy sustituidas por *PM* (Policía Municipal)– se interpretaban popularmente como «Gandul Mantenido»[6].

La pronunciación es otro de los aspectos que llaman la atención en las siglas. Por un lado, se intenta lograr formaciones expresivas, esto es, que tengan un parecido o identidad formal con otras palabras ya existentes en la lengua, y cuando esto no sea posible, que resulten secuencias que se ajusten a nuestras estructuras silábicas, de manera que el complejo no ofrezca dificultades para su pronunciación, lo cual conduce en no pocas ocasiones a recurrir a segmentaciones arbitrarias de los elementos constituyentes de la sigla. Ocurre entonces que, cuando lo que se busca es exclusivamente la comodidad gráfica de la abreviatura, no la expresividad, puede ocurrir que la secuencia resultante sea impronunciable, recurriéndose entonces a la lectura completa de los miembros de la sigla, o al deletreo de la forma: *PSOE* (Partido Socialista Obrero Español) se pronuncia habitualmente [pesóe], si bien sigue existiendo la posibilidad de un intento de pronunciación literal [psóe], que deriva, casi de forma obligada en la simplificación [sóe].

El género que adquieren las siglas nada tiene que ver con su constitución formal, sino que se hereda de la palabra caracterizadora del conjunto que da origen a la sigla: son masculinos *el PC* (Partido Comunista), *el PP* (Partido Popular), porque la voz de mayor de las que participan en el compuesto es *partido,* mientras que *la UGT* (Unión General de Trabajadores) o *la UEFA* (Union of European Football Association) son femeninos porque se trata de *uniones.*

El número de las siglas suele ser el singular, salvo cuando los elementos conformadores vayan en plural, en cuyo caso, además, el número se refleja

6. J. A. Miranda, *Usos coloquiales...,* p. 75 en nota.

en la escritura a través de la reduplicación de cada una de las letras del compuesto:

CCOO (Comisiones Obreras)
EEUU (Estados Unidos)
FFAA (Fuerzas Armadas)

La lexicalización de la sigla le permite formar parte de nuevas creaciones, en especial de derivados: *ETA* → etarra; *PCE* → pecero –con deletreo de la sigla–; *PSOE* → pesoísta; *CNT* → cenetista. Incluso, en ocasiones, la flexión: *las pymes* (procedente de PYME, parte, a su vez de CEPYME –Confederación Española de la Pequeña Y Mediana Empresa–, de donde: «las pequeñas y medianas empresas»); *los penenes* (procedente de *penene,* deletreo de la sigla PNN –Profesor No Numerario–).

En resumen, podemos ofrecer el siguiente esquema aclaratorio:

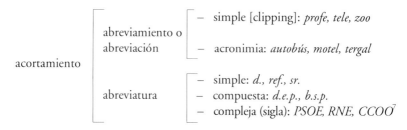

7. Adaptado de M. ALVAR EZQUERRA y A. MIRÓ, *Diccionario...*

8. Extranjerismos

8.1. GENERALIDADES

No cabe duda de que la incorporación al léxico de una lengua de palabras procedentes de otra u otras es uno de los procedimientos de creación léxica más antiguos. Ocurre que no siempre los nuevos términos que se adoptan responden a nuevas realidades, sino que su adopción depende más bien de factores de índole cultural, no estrictamente a necesidades lingüísticas. Por otra parte, no debemos olvidar otro principio, derivado de la lingüística histórica: una vez que el extranjerismo se ha asentado en la lengua –lo que, en no pocas ocasiones acarrea la adaptación fónica del término en cuestión a las normas de la lengua que lo adopta– el hablante pierde la noción de extranjerismo. De ahí que Chris Pratt distinga, en el amplio estudio que dedica al anglicismo en español, dos tipos fundamentales de extranjerismos: el *no patente* (aquel que se reconoce como forma propia –no ajena–) y el *patente* (aquel que se utiliza reconociendo que se está haciendo uso de un extranjerismo)[1]. Así, por ejemplo, Julio Casares nos proporciona una lista con las principales novedades que el Diccionario de la Academia ofrecería en la edición de 1970, y entre las palabras que se incluían como extranjerismos, él mismo reconoce que muchas se utilizaban de forma habitual –y muy probablemente sin conciencia de préstamo–:

> «*Delimitar* y *delimitación*. No se comprende cómo estas voces, que desde hace bastante tiempo gozan del favor general, han estado hasta ahora ignoradas por el léxico oficial. Y es que el Diccionario Manual, en su primera edición, les ponía el sambenito de galicismos, y daba como equivalencia castiza "limitar" y "limitación". La verdad es que no hay tal equivalencia. Cuando el médico le acorta a un fumador la ración de tabaco no le *delimita* los pitillos que

---

1. C. PRATT, *El anglicismo...*, p. 158.

puede fumar: se los "limita". Y cuando dos países contiguos tienen rozamientos territoriales acuden a una *delimitación* de fronteras y no a una "limitación"»[2].

Y es que, en el caso de los extranjerismos, no son pocas las voces que se levantan para proscribirlos. Es ésta la postura de los puristas. Así, por ejemplo, Juan José Alzugaray, en la introducción a uno de sus estudios dedicados a las voces extranjeras que predominan en la lengua española, vierte la siguiente reflexión:

> «Si un lector avisado y curioso se entretiene en repasar las páginas de cualquier periódico de información general de un día cualquiera, topará por lo menos con un par de centenares de extranjerismos, entrecomillados o en letra cursiva, algunos de los cuales merecen ser distinguidos y llevados a los titulares de las noticias, crónicas políticas y anuncios. Y lo mismo ocurre cuando el lector se adentra en las revistas especializadas o generales. La televisión y la radio incurren en desmanes similares, corregidos y aumentados. Explorar la carta de un restaurante puede contribuir a que el futuro comensal se atragante molestamente con tanto galicismo y anglicismo que se le sirve. Viajar por Benidorm, Torremolinos, la Costa Brava, o cualquier otra zona turística mediterránea es aturdirse con un hervor de extranjerismos en rótulos y letreros comerciales. Un hartazgo»[3].

Emilio Lorenzo, en un libro clásico sobre los cambios fundamentales que sufre la lengua española actual, cita la visión positiva que, frente al purismo, ofrecía uno de nuestros más clarivendentes pensadores, don Miguel de Unamuno:

> «Meter palabras nuevas, haya o no otras que las reemplacen, es meter nuevos matices de ideas»[4].

2. Julio CASARES (1965), *Novedades en el Diccionario Académico (La Academia Española trabaja). 1956-1970,* Aguilar, Madrid, p. 21.

3. Juan José ALZUGARAY AGUIRRE (1985), *Diccionario de extranjerismos,* Dossat, Madrid, p. 13.

4. Miguel DE UNAMUNO (1945), «Sobre la lengua española», en *Ensayos,* I, Aguilar, Madrid, p. 322. *Apud* Emilio LORENZO (1955), *El español de hoy, lengua en ebullición,* Gredos, Madrid, 1980[3], p. 99.

Porque siempre se han levantado protestas contra lo que podríamos denominar agravios contra nuestra lengua española. Estas protestas suelen proponer nuevas formas que de algún modo reemplacen al extranjerismo en boga. Como observa E. Lorenzo, «no todas ellas han surtido los buenos efectos que sus promotores esperaban»[5]. Unas veces se ofrece a los hablantes una palabra tradicional de contenido semántico bien perfilado en el diccionario, pero de límites y valores notablemente distintos en el habla. Otras veces, la solución recomendada por los grupos (supuestamente) cultos es un término de gran precisión, tomado del griego o del latín, pero no fácilmente aceptable por la mayoría hablante: *cinematógrafo* y *cinematografía* sólo han tenido aceptación cuando el pueblo ha reducido las dos palabras a una común: *cine*. *Aeroplano* está completamente en desuso y ha cedido ante el francés *avión*. Igual suerte han corrido *gramófono* y *fonógrafo* en favor de *tocadiscos* (mejor que *giradiscos*)[6].

En todo caso, el paso del tiempo es el que determina la aceptación-adaptación definitiva de una forma de procedencia extranjera a otra lengua distinta. En este sentido, sería interesante mencionar aquí el proceso fónico –e incluso morfológico– de adaptación que se produce en cada uno de estos términos. Tampoco aquí se pueden dar reglas determinantes. Del *football* o los *goals* que pueden leerse en los periódicos de principios de siglo cuando se comenzó a practicar este deporte en nuestro país, pasamos a *fútbol* y *gol* –despreciando el calco *balompié*–. Por contra, hasta hace bien poco triunfaba la adaptación *baloncesto* en lugar del genuino *basket(ball)*. Desgraciadamente, la estupidez televisa personalizada en algunos locutores ha dado lugar a una verdadera invasión de anglicismos relacionados con este deporte –que vuelve a llamarse *basket*–. En todo caso, modas. Otras adaptaciones: *cocktail* → cóctel, *whisky* → güisqui –muy poco extendida en la realidad–, *carnet* → *carné, leader* → *líder,* etc.

5. E. LORENZO, *El español...,* p. 101.

6. Aunque E. LORENZO asegure –p. 101, en n.– que esta forma [*tocadiscos*] tiene asegurada mayor longevidad, en la actualidad la gente (joven) no habla ya de *tocadiscos* (ni del distorsionado popularmente *tocata*), sino más bien (prodigios de la tecnología) de *equipo* (de música).

8.2. ANGLICISMOS, GALICISMOS. VOCES EXTRANJERAS DE OTRAS PROCE-DENCIAS

La lengua inglesa, que había permanecido ignorada en el continente durante los siglos XVI y XVII, empezó después a ejercer influencia, primero con su literatura y pensadores, más tarde por prestigio social. «Los románticos querían deslumbrar con elegancias de *dandy* (...), conspiraban en el *club,* y como Larra, gustaban del *rosbif* y el *bistec* (luego *bistec* o *bisté*)»[7]. Directamente o a través del francés han llegado *vagón, tranvía, túnel, yate, bote, confort, mitin, líder, repórter* o *reportero, revólver, turista, fútbol, tenis, golf.* En nuestro siglo, y especialmente en nuestro días, el anglicismo ha ido creciendo en intensidad, primero en los países hispanoamericanos más estrechamente afectados por la expansión política y económica de los Estados Unidos y después en todo el mundo hispánico. Anglicismos referentes a la casa y a la vivienda son *bloque, jol* (< *hall*); al vestido, *suéter, jersey, esmoquin;* al mundo del automóvil, *claxon, cárter, stop, jeep;* al cine, *filme, tráiler, (hablar en) off;* a la vida social, *cóctel, esnobismo, party, lunch;* a la economía y al comercio, *dumping, marketing, stock.* Como hemos avanzado, el grado de acomodación fonética varía según el arraigo de cada préstamo, el nivel social de los hablantes y su mayor o menor conciencia del extranjerismo. Muchos anglicismos son voces pasajeras que desaparecen en cuanto surge sustituto adecuado –por más que no siempre ocurra así–: el *locutor* de la radio, el *árbitro* del fútbol, el *aparcamiento* o *estacionamiento* de automóviles, la *entrevista* periodística y el *contenedor* de transporte han desterrado o están en vías de arrinconar al uso respectivo de *speaker, referee, parking, interview* (incluso la adpatación *interviú*), *container.*

Desde que la vida española empezó a transformarse a remolque de la extranjera, han sido muchas las palabras ultrapirenaicas que se han introducido en nuestra lengua. Ya desde el siglo XVIII, la influencia francesa en la vida social se manifiesta en *petimetre, ambigú, coqueta;* la moda, irradiada desde París, trajo, entre otros, *chaqueta, pantalón, corsé.* Al alojamiento y a la vivienda se refieren *hotel* y *chalet,* y al mobiliario y enseres, *buró, secreter, sofá, neceser;* al arte culinario, *croqueta, merengue* y muchas otras. En el siglo XIX empiezan a intervenir factores que venían actuando desde antes en otros países. Al in-

---

7. Rafael LAPESA (1981[9]), *Historia de la lengua española,* Gredos, Madrid, p. 457.

crementarse las actividades comerciales y bancarias, su terminología se nutrió de galicismos o voces venidas a través de Francia: *explotar, financiero, bolsa* (calcado de *bourse*), *cotizar, garantía, aval*. La vida parlamentaria introdujo *parlamento, comité, debate* y otras muchas. En la actualidad, junto a la mayor parte de las formas mencionadas anteriormente, se pueden incluir algunas otras usadas con plena conciencia de su carácter extranjero: *toilette, soirée, renard* (color) *beige*. Podríamos mencionar los descuidos que aparecen en las traducciones: *remarcable, colisión* (de automóviles), *golpe de teléfono* (< *coup de téléphone* –incluso cuando se ha aceptado la forma *telefonazo*–). Por último, el profesor Lapesa no pierde la ocasión de referirse al término *élite*: «caso reciente de error debido a transmisión escrita es el de *élite,* que los semicultos –y algunos cultísimos– españoles acentúan esdrújulo, dando valor de tonicidad a la tilde que en francés marca el timbre de la /e/ cerrada»[8].

El número de neologismos tomados de otras lenguas romances es mucho más limitado. Después del Siglo de Oro, la aportación del italiano queda reducida casi a términos pertenecientes al arte y a la música: *aria, partitura, romanza, libreto, batuta, lontananza.* Posteriores al siglo XVIII son: *ferroviario, analfabetismo, casino, fiasco.* Del portugués proceden *cachimba, vitola.* En la época del modernismo, se introdujo la voz *otrora* 'antaño', hispanizando el vocalismo del portugués *outrora*.

Por su parte, la principal influencia del alemán consiste en haber estimulado calcos semánticos como *voluntad de poder* (< *Wille zur Macht*), *visión de mundo* o *cosmovisión* (< *Weltanschauung*), *espacio vital* (< *Lebensraum*), *vivencia* (< *Erlebnis*), *talante* (< *Stimmung*). Germanismos en cuanto a significante y significado son, de adopción directa, *sable, búnker, cuarzo, potasa, níquel;* por intermedio del francés han entrado *vals, obús, blindar.*

8.3 DISTRIBUCIÓN DE ALGUNAS VOCES DE ORIGEN EXTRANJERO POR SECTORES

Señalamos a continuación, de manera esquemática y a modo de pequeño diccionario, las principales voces de origen extranjero que se utilizan de forma habitual en la lengua española. Es evidente que dicho uso dependerá del entorno –sector– especializado en el que una determinada palabra resulte pertinente.

8. R. LAPESA, *Historia...,* p. 456.

Predominio de los idiomas por sectores (En %)					
	Inglés	Francés	Italiano	Alemán	Otros
Deporte	77	13	2	–	8
Economía	85	8	–	–	7
Espectáculos	51	20	22	2	5
Gastronomía	23	58	12	3	4
Tecnología	83	9	–	1	7
Vestido	42	52	1	1	4
Diversos	43	38	3	2	14
Índices medios	54,2	27,8	8,4	1,6	8

Adaptado de J.J.ALZUGARAY: *Diccionario de extranjerismos*

Predominio de los idiomas por áreas		
Idioma	Sector	Área de predominio
Inglés	Deporte	Golf, tenis, hípica
	Economía	Economía, comercio, empresa
	Espectáculos	Cine, música moderna, tlevisión
	Tecnología	Informática, telecomunicación, siderurgia, energía
Francés	Deporte	Ciclismo
	Espectáculos	Teatro, danza, circo
	Gastronomía	Sopas, acompañamientos, viandas, postres
	Vestido	Modas, prendas
	Diversos	Cosmética, arte, vivienda
Italiano	Espectáculos	Música clásica, ópera
	Gastronomía	Pastas

Fuente: J.J. ALZUGARAY, *Diccionario de extranjerismos*

8.3.1. *Extranjerismos en el lenguaje técnico*[9]

background	Empresa	Inglés	'antecedentes'
bricolage	Varia	Francés	'realización artesanal de trabajos de poca importancia'
broker	Comercio	Inglés	'agente de ventas, intermediario'
building	Construcción	Inglés	'edifición, construcción'
business	Economía	Inglés	'negocio'
by-pass	Ingeniería	Inglés	'desvío, desviación'
caravaning	Transporte	Inglés	'caravana'
catering	Comercio	Inglés	'servicio de suministro'
consulting	Empresa	Inglés	'consultor'
container	Transporte	Inglés	'contenedor'
chairman	Empresa	Inglés	'presidente, máxima autoridad de la empresa'
charter	Transporte	Inglés	'vuelo fletado'
chip	Informática	Inglés	'circuito pequeño integrado en la memoria del ordenador'
diskette	Informática	Inglés	'disco'
dumping	Comercio	Inglés	'venta de productos extranjeros por debajo de su coste'
floppy (disk)	Informática	Inglés	'disco externo'

9. Consideramos como lenguaje técnico en general el perteneciente a las siguientes áreas: comercio, economía, empresa, ingeniería, construcción, transporte, telecomunicación. Aquellos términos a los que se asigne la denominación *Varia* pueden ser utilizados en distintas áreas. Fuente: J. J. ALZUGARAY (1979), *Voces extranjeras en el lenguaje tecnológico*, Alhambra, Madrid.

forfait	Economía	Francés	'contrato a tanto alzado'
full-time	Empresa	Inglés	'dedicación exclusiva'
handicap	Varia	Inglés	'desventaja, sobrecarga'
hardware	Informática	Inglés	'equipo de materiales del ordenador'
hit	Varia	Inglés	'impacto, éxito'
hovercraft	Transporte	Inglés	'aerodeslizador'
input	Economía	Inglés	'entrada, consumo'
interface	Informática	Inglés	'contacto, interconexión'
jet	Transporte	Inglés	'reactor'
kit	Transporte	Inglés	'equipamiento'
leasing	Empresa	Inglés	'sociedad dedicada al arriendo de instalaciones'
lobby	Varia	Inglés	'grupo de presión'
leitmotiv	Varia	Alemán	'motivo principal, tema conductor'
management	Empresa	Inglés	'dirección, gerencia'
marketing	Comercio	Inglés	'actividad que tiene por función la previsión, orientación, estudio y promoción de mercados'
merchandising	Comercio	Inglés	'compraventa'
overbooking	Transporte	Inglés	'práctica ilegal de contratar más plazas que las disponibles en un avión'
parking	Transporte	Inglés	'aparcamiento'
parquet	Construcción	Francés	'entarimado; por ext., recinto en el que se desarrolla la actividad bursátil (Econ.)'
planning	Empresa	Inglés	'planificación'

ranking	Empresa	Inglés	'clasificación'
rapport	Empresa	Francés	'informe; por ext. reportaje'
roulotte	Transporte	Francés	'remolque'
royalty	Comercio	Inglés	'derechos pagados por el uso de una patente'
sofware	Informática	Inglés	'equipo de instrumentos del ordenador'
stock	Comercio	Inglés	'productos que no han tenido aún salida o empleo a que están destinados'
training	Empresa	Inglés	'período en el que se lleva a cabo el adiestramiento del personal'

8.3.2. *Extranjerismos en el lenguaje perteneciente al sector de la gastronomía*[10]

al dente	italiano	'en su punto' (pasta)
bacon	inglés	'tocino entreverado, panceta'
baguette	francés	'barrita de pan (flauta)'
béchamel	francés	'salsa blanca que se hace con harina, crema de leche y manteca'
brik	inglés	'tipo de envase'
brochette	francés	'estaquilla en que se ensartan pedazos de carne o pescado para asarlos'
buffet	francés	'aparador donde se encuentra la comida'
cake	inglés	'tipo de bizcocho'
canapé	francés	'entremés'
crêpe	francés	'hojuela'

10. Fuente: J. J. ALZUGARAY AGUIRRE (1984), *Gastronomía y lenguaje,* Dossat, Madrid.

croissant	francés	'tipo de bollo'
chef	francés	'cocinero, jefe de cocina'
delikatesse	alemán	'manjar, bocado exquisito'
dry	inglés	'seco' (bebidas)
entrecôte	francés	'lomo bajo, entreverado'
escalope	francés	'filete delgado de carne que se come empanado o frito'
fondue	francés	'salsa derretida'
fumé	francés	'ahumado'
gaufre	francés	'especie de barquillo'
gourmet	francés	'gastrónomo'
hot dog	inglés	'bocadillo de salchicha', «perrito caliente»
maître	francés	'maestresala'
menu	francés	'carta, minuta'
mortadella	italiano	'tipo de embutido, entremés'
mousse	francés	'espuma' (postre)
office	inglés	'antecocina'
pizza	italiano	'tipo de comida típica italiana compuesta fundamentalmente por una masa de harina y agua, a la que se agregan diversos ingredientes'
pub	inglés	'local'
restaurant	francés	'local'
sirop	francés	'jarabe dulce'
tea	inglés	'bebida de plantas aromáticas'

8.3.3. *Extranjerismos en el ámbito del mundo del espectáculo*[11]

boîte	francés	'sala de fiestas'
boom	inglés	'éxito'

---

11. Fuente: J. J. ALZUGARAY (1983), *Extranjerismos en los espectáculos,* Editorial Hispano Europea, Barcelona.

cachet	francés	'honorarios que cobra un artista en función de su valía'
casting	inglés	'selección de reparto'
claque	francés	'conjunto de personas contratadas para aplaudir en un espectáculo'
debut	francés	'presentación, estreno, comienzo'
discothéque	francés	'baile'
disk jockey	inglés	'persona encargada de seleccionar la música en un local'
divo	italiano	'estrella del canto'
gag	inglés	'efecto cómico'
glamour	francés	'encanto, fascinación, hechizo'
graffiti	italiano	'pintada'
guignol	francés	'teatro de marionetas'
magazine	francés	'revista ilustrada'
music hall	inglés	'revista musical'
palmarés	francés	'historial'
pose	francés	'afectación, postura'
remake	inglés	'nueva versión de una película'
replay	inglés	'repetición'
revival	inglés	'resurgimiento'; 'en música, nueva versión de una composición antigua'
script	inglés	'guión'
show	inglés	'actuación'
zoom	inglés	'movimiento de lente permaneciendo la cámara inmóvil'

8.3.4. *Extranjerismos en el mundo del deporte*[12]

En este caso, la selección ha sido mucho mayor. En ocasiones, bien es cierto, la influencia del periodismo deportivo, que busca por culaquier medio

12. Fuente: J. J. ALZUGARAY (1982), *Extranjerismos en el deporte,* Editorial Hispano Europea, Barcelona.

–también (principalmente) el extrañamiento lingüístico– llamar la atención, se deja notar. Nos limitamos, por tanto, a señalar los que, a nuestro juicio, resultan más relevantes, especialmente los referidos a los deportes más populares.

avant-match	francés	'acontecimientos sucedidos antes de un encuentro'
average	inglés	'cociente, promedio'
boxes	inglés	'alojamiento, compartimiento, garaje, cuadra'
catenaccio	italiano	'estrategia defensiva en el fútbol'
club	inglés	'sociedad fundada para la práctica del deporte en general'
coach	inglés	'entrenador' (especialmente, en baloncesto)
coequipier	francés	'compañero de equipo' (ciclismo)
col, côte	francés	'paso por puerto de montaña' (ciclismo)
dan	japonés	'grado de experiencia en lucha'
doping	inglés	'estimulación por drogas'
dribbling	inglés	'regate, quiebro'
fairplay	inglés	'juego limpio'
game	inglés	'juego' (tenis)
goal	inglés	'tanto, gol'
grimpeur	francés	'escalador' (ciclismo)
ippon	japonés	'tanto por proyección del adversario contra el suelo' (lucha)
knock out	inglés	'fuera de combate' (boxeo)
leader	inglés	'que ocupa la primera posición de la competición'
meeting	inglés	'reunión, competición' (atletismo)
outsider	inglés	'aspirante, competidor'
record	inglés	'(mejor) marca'
ring	inglés	'palestra, cuadrilátero' (boxeo)
set	inglés	'manga' (tenis)
sponsor	inglés	'patrocinador'
sprint	inglés	'aceleración final'
supporter	inglés	'partidario, seguidor'
tifosi	italiano	'seguidor'

9. Aplicación/Ejercicios

1. Determine qué procedimiento de formación de palabras se ha producido en los siguientes términos:

a. ladronzuelo

b. bonificación

c. mili

d. idiotez

e. entrampar

f. antideportivo

g. pelagatos

h. mordisquear

i. veranillo

j. reconciliar

k. aniñado

l. guardia civil

m. pastoril

n. vanagloria

ñ. Eurasia

o. deterioro

p. islote

q. morfonología

r. perrazo

s. maniatar

t. cole

u. melocotonero

v. acanalado

w. toma

x. coliflor

y. hipersensible

z. enmudecer

2. Justifique en cada caso la respuesta al ejercicio anterior. Por ejemplo:

a. *ladronzuelo* es un derivado por sufijación. El procedimiento de formación que se ha producido responde a la siguiente regla:

$N \rightarrow N + Af_n$

ladronzuelo → ladrón + (z) + -uelo

3. Demuestre mediante argumentos morfológicos que no se puede hablar de *conversión morfológica* ($Adj \leftrightarrow V$) en: *conciliar)$_{Adj}$ $\leftrightarrow$ conciliar)$_V$

4. Ponga al menos cinco ejemplos de palabras derivadas a través de los siguientes sufijos: *-ón, -ez, -esco(a), -mento/-miento, -il, -dad, -oso(a), -aje, -ucho, -orio*.

5. Observe las siguientes parejas primitivo-derivado en *-ón*:
almohada-almohadón
azada-azadón
piña-piñón
sala-salón
bodega-bodegón
silla-sillón
camisa-camisón

a) ¿Puede decirse que se trata tan sólo de una derivación apreciativa con valor aumentativo?

b) ¿Qué dos fenómenos se producen en estos términos? ¿De qué carácter son? Consulte el significado de cada término en el diccionario.

c) Proponga algún otro ejemplo en el que se produzcan estos mismos hechos lingüísticos.

6. Proponga criterios morfológicos, sintácticos, léxicos o semánticos para demostrar la cohesión interna de los siguientes grupos de compuestos no ortográficos:

a. patas de gallo
   ojo de buey
   caballo de batalla
   pie de cabra

b. guerra fría
   espíritu de cuerpo

c. boletín meteorológico
   potro de madera
   hora punta
   don de gentes

d. huelga patronal
   fecha límite
   llave inglesa

7. Considere las siguientes formaciones en *-ción, -sión:*

1.	confesar	confesión
2.	imprimir	impresión
3.	contribuir	contribución
4.	agredir	agresión
5.	rescindir	rescisión
6.	pervertir	perversión
7.	comprender	comprensión
8.	ofender	ofensión
9.	resolver	resolución
10.	ver	visión

Responda a las siguientes cuestiones:
a) Enuncie la regla morfológica para este sufijo
b) ¿A qué parte de la oración se une el sufijo?
c) ¿Qué categoría tiene el sufijo?
d) ¿Es predecible el significado de la palabra derivada?[1]

8. Considere las siguientes formas:

1.	tetera	6.	polvorera
2.	cafetera	7.	podadera
3.	lechera	8.	leñatero/a
4.	corsetera	9.	tartera
5.	pijotero/a	10.	alfiletero

Responda a las siguientes cuestiones:
a) Analice estas palabras en morfemas
b) Haga una lista de los significados de los morfemas que ha determinado[2]

1. Fuente: A. ALONSO-CORTÉS; A. PINTO (1993), *Ejercicios de Lingüística,* Editorial de la Universidad Complutense, Madrid, p. 37.
2. Fuente: A. ALONSO-CORTÉS; A. PINTO, *Ejercicios...*, p. 43.

9. Considere los siguientes términos:

1. CEPYME	6. brunch
2. GRAPO	7. Banesto
3. s.s.s.	8. MOPT
4. DGT	9. Dr.
5. B.O.E.	10. tergal

Responda a las siguientes cuestiones:

a) Determine a qué tipo de proceso de abreviamiento o abreviatura pertenecen cada uno de los términos propuestos.

b) Desarrolle en cada caso su contenido. (Puede consultar: J. Martínez Sousa, *Diccionario Internacional de Siglas y Acrónimos* y M. Alvar Ezquerra y A. Miró, *Diccionario de siglas y abreviaturas*).

10. En el siguiente texto subraye las palabras de origen extranjero que encuentre, exponga su significado e indique el idioma del que provienen:

Un día cualquiera de un ejecutivo snob

«Son las nueve de la mañana. El ejecutivo, manager de un importante holding multinacional español, se retrepa cómodamente en el asiento trasero del Chrysler, que le conduce, como todos los días, desde su lujosa residencia campestre al acristalado building del down de la ciudad, donde radican las oficinas de su empresa. Lanza una ojeada rápida a las páginas socioeconómicas del periódico matutino. Lo de siempre. Prácticas de dumping de los outsiders extranjeros en los sectores más debilitados, cinco huelgas y un lockout.

«Introduce al llegar su tarjeta en el reloj marcador. Hay que dar ejemplo. El computador registra la incidencia y ordena automáticamente el encendido de la lámpara de su despacho y el desbloqueo de su teléfono. La secretaria, atenta a la jugada, se da por enterada y acentúa nerviosamente los últimos toques de coquetería en su acicalamiento.

«El ejecutivo repasa el planning de actividades de la jornada. Examina los partes aún calientes que le pasa el controller. Continúan incrementándose los stocks de productos terminados, y el cash-flow persiste en su evolución desfavorable. ¡Una lata! Por lo que se ve, la situación sigue deteriorándose. Quedan cada vez más lejos los tiempos en los que alcanzaban records de producciones y ventas.

«Para colmo, las noticias del departamento de marketing son poco prometedoras. La marcha del stand en la reciente Feria Internacional ha sido un fracaso. A este paso, la empresa va a dejar de ser líder de la especialidad en España. El año pasado descendió nada menos que cinco puestos en el ranking europeo. Pensando en su subconsciente en estas cosas, formula mecánicamente algunas correcciones al próximo programa de spots publicitarios.

«Con un rictus de preocupación y disgusto en su rostro tostado por múltiples sesiones de lámpara ultravioleta, llama a varios miembros de su staff, para celebrar una reunión de brainstorming, a ver si surge alguna idea salvadora. A las once y media ordena un coffee-break para rebajar un poco la tensión del ambiente y aflojar el stress que le empieza a atenazar en los últimos tiempos. El team de ejecutivos comenta alborozado el hábil passing shot que le ha hecho la víspera en el Congreso el jefe del Gobierno al baranda de la oposición.

«Terminado el show, encarga que se desarrollen los correspondientes factibility studies de tres de las ideas barajadas. Recibe después al comité de empresa, que quiere conocer la realidad económica y financiera, pues los rumores son alarmantes y ellos se encuentran out. Con su habitual facilidad y desparpajo, los tranquiliza a medias, asegurándoles que no tienen que temer por sus puestos de trabajo. Superarán la crisis.

«De nuevo al Chrysler. Le espera a la una del mediodía, en el hall del Ritz, un jeque árabe de Kuwait, con el que intenta llegar a un acuerdo sobre una sociedad de leasing y un crédito sustancioso. Quedan en verse en Cannes el próximo weekend para rematarlo.

«Almuerza en el club de golf con un atlético chairman yanqui. Eso sí, muy sobriamente, por culpa del colesterol. Quiere fundar al alimón una compañía de joint venture. Convienen en celebrar un nuevo meeting en Boston al mes siguiente, junto con sus assistants y advisers más allegados. En cuanto empiece el boom se van a forrar con este asunto.

«La secretaria le aguarda a primera hora de la tarde con una voluminosa carpeta de dossiers, que despacha con rapidez. El recorrido hasta el tercer green, tras el lunch, le ha sentado de maravilla. Firma una serie de documentos. Efectúa varias llamadas telefónicas a clientes y proveedores. Barcelona,

Amsterdam, New York. Un trust monopolístico en informática le ofrece un know how ventajosísimo para formar expertos en hardware y software. Lo pensará. Avisa a su casa que irá tarde, pues tiene que acudir a un cocktail de trabajo.

«Un político amigo suyo aparece de improviso por la oficina para convencerle de que es una obligación social ineludible apoyar a la pequeña y mediana empresa, y que debe propiciar la creación de una sociedad de factoring. No le convencen demasiado los argumentos ni el speech, pero promete estudiarlo. La lectura de varios papeles confidenciales y el dictar varias cartas le absorben todavía un par de horas.

«Con todo llega en el momento justo de la recepción. Saluda versallescamente a dos subsecretarios y varios directores generales, mientras le sirven el primer whisky. Mariposea a gusto entre los invitados. De pronto, siente un fuerte palmetazo en sus espaldas. Es un compañero suyo de bachiller, a quien no veía desde hace muchísimos años.

«Salen al jardín. Se toman otra copa. El amigo, que es un destacado filólogo, le convence para que pronuncie una conferencia en los actos conmemorativos del milenario del castellano, sobre la versatilidad y capacidad de adaptación de nuestro idioma al lenguaje empresarial. Duda. Al fin, después del cuarto drink, cuando está ya un poco groggy, se compromete imprudentemente a hacerlo. De súbito, como en un flash instantáneo, cree ver la imagen severa de don Miguel de Cervantes que le guiña burlonamente el ojo en actitud de reproche. Mueve la cabeza con energía para librarse de la pesadilla, que se disipa como por encanto. Mañana mismo se pondrá a trabajar en ello. ¡Pues no faltaba más!

«Una antigua conocida, con aires de supervedette, le saca de su ensimismamamiento y recomienda a un pariente suyo que acaba de terminar su carrera universitaria. Que le manden su background y que le hagan un test de inteligencia en un consulting de su entera confianza. Más tarde ya se verá.

«Se despide de su anfitrión con un bye-bye cariñoso, y de su señora con un "Todo ha estado maravilloso, my darling". Han transcurrido ya más de trece horas desde que salió de casa. Una auténtica jornada de trabajo full-time. Así vienen los surmenages y los infartos. Y luego hablan del spleen de los ejecutivos. Mañana será otro día. Good evering!».

J. J. Alzugaray, *Voces extranjeras en el lenguaje tecnológico*, pp. 124-126.

10. Claves de los ejercicios

1.

a. derivación (sufijación)
b. derivación (sufijación)
c. acortamiento
d. derivación (sufijación)
e. parasintético
f. derivación (prefijación)
g. composición
h. derivación (sufijación)
i. derivación (sufijación)
j. derivación (prefijación)
k. derivación (sufijación)
l. composición
m. derivación (sufijación)
n. composición
ñ. combinación
o. derivación regresiva
p. derivación (sufijación)
q. combinación
r. derivación (sufijación)
s. incorporación nominal
t. acortamiento
u. derivación (sufijación)
v. derivación (sufijación)
w. derivación regresiva
x. composición
y. derivación (prefijación)
z. parasíntesis

2.

b. *bonificación:* derivación (sufijación).- N → V + Af_n: bonificación → bonificar + -ción;

c. *mili:* acortamiento.- mili(cia) → mili;

d. *idiotez:* derivación (sufijación).- N → Adj + Af_n: idiotez → idiota + -ez;

e. *entrampar:* parasíntesis.- Pref + Lex + Suf (*[Pref + Lex] / *[Lex + Suf]): en + trampa + -ar (*[entrampa] / *[trampar]);

f. *antideportivo:* derivación (prefijación).- Adj → Af$_{adj}$ + Adj: antideportivo → anti + deportivo (*sufijación: Adj → N + Af$_{adj}$ antideportivo → *antideporte + -ivo);

g. *pelagatos:* composición.- [V + N] → pela(ar) + gato(s): 'hombre pobre y desvalido y a veces despreciable' (cf. *'pelar a los gatos');

h. *mordisquear:* derivación (sufijación).- V → N + Af$_v$: mordisquear → mordisco + -ear;

i. *veranillo:* derivación (sufijación).- N → N + Af$_n$: veranillo → verano + -illo;

j. *reconciliar:* derivación (prefijación).- V → Af$_v$ + V: reconciliar → re- + conciliar;

k. *aniñado:* derivación (sufijación).- Adj → V + Af$_{adj}$: aniñado → aniñar + -ado;

l. *guardia civil:* composición [V + Adj] → guardia + civil: '(individuo del) cuerpo dedicado a perseguir malhechores y a mantener la seguridad de los caminos y el orden de las poblaciones' (cf. *'guardia que es civil');

m. *pastoril:* derivación (sufijación).- Adj → N + Af$_{adj}$: pastoril → pastor + -il;

n. *vanagloria:* composición [Adj + N] → vana + gloria: 'jactancia del propio valor u obras' (cf. *'gloria que es vana');

ñ. *Eurasia:* combinación.- Europa + Asia → *Eur(opa)asia → Eurasia;

o. *deterioro:* derivación regresiva (en *-o*).- deteriorar]$_V$ → deterior*o*]$_N$;

p. *islote:* derivación (sufijación).- N → N + Af$_n$: islote → isla + -ote (Tal vez, pudiera hablarse de cierta tendencia a la lexicalización, especialmente si consideramos la segunda acepción del DRAE: '1. Isla pequeña y despoblada; 2. Peñasco muy grande, rodeado de mar';

q. *morfonología:* combinación.- Morfología + Fonología → *Morfo(logía)fonología → Morfo(fo)nología → Morfonología;

r. *perrazo:* derivación (sufijación).- N → N + Af$_n$: perrazo → perro + -azo;

s. *maniatar:* incorporación nominal.- $_{FV}$[[atar]$_V$ $_{FN}$[las manos]] → maniatar;

t. *cole:* acortamiento.- cole(gio) → cole;

u. *melocotonero:* derivación (sufijación).- N → N + Af$_n$: melocotonero melocotón + -ero;

v. *acanalado:* derivación (sufijación).- Adj → V + Af$_{adj}$: acanalado → acanalar + -ado;

w. *toma:* derivación regresiva (en *-a*).- tomar]$_V$ → tom*a*]$_N$;

x. *coliflor:* composición [N + N] → col + flor: 'variedad de col que al entallecerse echa una pella compuesta de diversas cabezuelas o grumitos blancos';

y. *hipersensible:* derivación (prefijación).- Adj → Af$_{adj}$ + Adj: hipersensible → hiper- + sensible;

z. *enmudecer:* parasíntesis.- Pref + Lex + Suf (*[Pref + Lex] / *[Lex + Suf]): en + mudo + -cer (*[enmudo] / *[mudecer]).

3. Que existen dos categorías en *conciliar* lo podemos demostrar en función de los distintos afijos con que se puede combinar en dependencia de la clase a la que pertenece:

A-[*conciliar*]$_{Adj}$ → [*pre*-[*conciliar*]$_{Adj}$]$_{Adj}$, [*pos*-[*conciliar*]$_{Adj}$]$_{Adj}$, [*anti*-[*conciliar*]$_{Adj}$]$_{Adj}$; *[[*conciliar*]$_{Adj}$-ción]$_N$[1], *[[*conciliar*]$_{Adj}$-o]$_N$[2];

B-[*conciliar*]$_V$ → [[*conciliar*]$_V$-ción]$_N$, [[*conciliar*]$_V$-o]$_N$; *[*anti*-[*conciliar*]$_V$]$_V$, *[*pos*-[*conciliar*]$_V$]$_V$, etc.

En *conciliar*]$_V$ existe un morfema flexivo *-ar*, característico de los verbos de la 1ª conjugación. Esta forma da lugar a un derivado regresivo nominal en *-o: concilio*]$_N$ que, a su vez, es la base sobre la que se forma el derivado adjetivo *conciliar*]$_{Adj}$, a través del sufijo *-al*/-ar*, presentándose en su segunda forma, «cuando en la base derivativa precede /l/ a dicho sufijo»[3], sufijo que forma adjetivos a partir de sustantivos con el significado de 'relativo a, perteneciente a', como en *ángulo → angular, familia → familiar*, etc. Por esta razón, estamos defendiendo un proceso de cambio morfológico que consta de dos operaciones mediante sufijos: i) [*conciliar*]$_V$ → [*concilio*]$_N$; ii) [*concilio*]$_N$ → [*conciliar*]$_{Adj}$. No se trata por tanto de un fenómeno de *conversión*, proceso

---

1. En efecto, *-ción* es un afijo que sólo se combina con bases verbales.
2. En efecto, *-o* sólo se aplica a bases verbales para dar lugar a derivados regresivos.
3. S. FERNÁNDEZ RAMÍREZ, *La derivación...*, p. 75.

morfológico por el cual una palabra cambia de categoría sin la intervención de sufijo *(sufijación nula)*.

4.

1. *-ón*: tripa$)_N$ → tripón(a)$)_N$; triste$)_{Adj}$ → tristón$)_{Adj}$; barriga$)_N$ → barrigón$)_N$; guapo$)_{Adj}$ → guapetón$)_{Adj}$; carrera$)_N$ → carrerón$)_N$.

2. *-ez*: honrado$)_{Adj}$ → honradez$)_N$; idiota$)_{Adj}$ → idiotez$)_N$; tartamudo$)_{Adj}$ → tartamudez$)_N$; rápido$)_{Adj}$ → rapidez$)_N$; tímido$)_{Adj}$ → timidez$)_N$.

3. *-esco(a)*: Celestina$)_N$ → celestinesco(a)$)_{Adj}$; libro$)_N$ → libresco(a)$)_{Adj}$; burla$)_N$ → burlesco(a)$)_{Adj}$; carnaval$)_N$ → carnavalesco(a)$)_{Adj}$; don Juan$)_N$ → donjuanesco$)_{Adj}$.

4. *-mento/-miento*: cargar$)_V$ → cargamento$)_N$; apartar$)_V$ → apartamento$)_N$; pulir$)_V$ → pulimento$)_N$; testar$)_V$ → testamento$)_N$; jurar$)_N$ / ofrecer$)_V$ → ofrecimiento$)_N$; pensar$)_V$ → pensamiento$)_N$; sanear$)_V$ → saneamiento$)_N$; reconocer$)_V$ → reconocimiento$)_N$; llamar$)_V$ → llamamiento$)_N$.

5. *-il*: varón$)_N$ → varonil$)_{Adj}$; estudiante$)_N$ → estudiantil$)_{Adj}$; pastor$)_N$ → pastoril$)_{Adj}$; monja$)_N$ → monjil$)_{Adj}$; cacique$)_N$ → caciquil$)_{Adj}$.

6. *-dad/(-edad)/(-idad)/(-tad)*: vecino$)_{Adj}$ → vecindad$)_N$; malo$)_{Adj}$ → maldad$)_N$ / solo$)_{Adj}$ → soledad$)_N$; leve$)_{Adj}$ → levedad$)_N$; zafio$)_{Adj}$ → zafiedad$)_N$ / honesto$)_{Adj}$ → honestidad$)_N$; ocioso$)_{Adj}$ → ociosidad$)_N$ / leal$)_{Adj}$ → lealtad$)_N$.

7. *-oso(a)*: cautela$)_N$ → cauteloso(a)$)_{Adj}$; júbilo$)_N$ → jubiloso(a)$)_{Adj}$; sospecha$)_N$ → sospechoso(a)$)_{Adj}$; andrajo$)_N$ → andrajoso(a)$)_{Adj}$; beneficio$)_N$ → beneficioso(a)$)_{Adj}$.

8. *-aje*: hospedar$)_V$ → hospedaje$)_N$; peregrinar$)_V$ → peregrinaje$)_N$; virar$)_V$ → viraje$)_N$; bosque$)_N$ → boscaje$)_N$, pupilo$)_N$ → pupilaje$)_N$.

9. *-ucho*: fonda$)_N$ → fonducho$)_N$; taberna$)_N$ → tabernucho$)_N$; casa$)_N$ → casucha$)_N$; pálido$)_{Adj}$ → paliducho$)_{Adj}$; delgado$)_{Adj}$ → delgaducho$)_{Adj}$; flaco$)_{Adj}$ → flacucho$)_{Adj}$.

10. *-orio*: desposar$)_V$ → desposorio$)_N$; velar$)_V$ → velorio$)_N$; envuelto$)_{Adj}$ → envoltorio$)_N$; invocar$)_V$ → invocatorio$)_{Adj}$; congratular$)_V$ → congratulatorio$)_{Adj}$.

5.

a) No.

b) 1. Cambio de género (Fenómeno de índole morfológica: en español, el género –por más que se trate de una categoría léxica– se expresa, en no pocas ocasiones, a través de procedimientos flexivos o/y de concordancia). 2. Lexicalización (Fenómeno de carácter léxico). Dicha lexicalización se demuestra consultando en el diccionario los significados de las formas primitivas y derivadas, comprobando que los de estas últimas no siempre se derivan de los de las primeras. Por tanto, hay cambio semántico, no un simple valor aumentativo consecuencia de la adjunción del sufijo:

almohada: Colchoncillo que sirve para reclinar sobre él la cabeza en la cama.
almohadón: Funda de la tela para meter la almohada de la cama.

azada: Instrumento que consiste en una lámina o pala cuadrangular de hierro, ordinariamente de 20 a 25 cms. de lado, cortante uno de éstos y provisto el opuesto de un anillo donde encaja y se sujeta el astil o mango, formando con la pala un ángulo un tanto agudo. Sirve para cavar tierras roturadas o blandas, remover el estiércol, amasar la cal para mortero, etc.
azadón: Instrumento que se distingue de la azada en que la pala, cuadrangular, es algo curva y más larga que ancha. Sirve para rozar y romper tierras duras, cortar raíces delgadas y otros usos análogos.

piña: Fruto del pino y otros árboles.
piñón: Simiente del pino.

sala: Pieza principal de la casa donde se reciben las visitas de cumplimiento.
salón: Pieza de grandes dimensiones para visitas y fiestas en las casas particulares.

bodega: Lugar donde se guarda y cría el vino.
bodegón: Taberna // Composición pictórica que representa por lo general cosas comestibles o seres inanimados.

silla: Asiento con respaldo, por lo general con cuatro patas, y en que sólo cabe una persona.
sillón: Silla de brazos, mayor y más cómoda que la ordinaria.

camisa: Prenda de vestir, por lo común de hombre, con cuello, mangas y abotonada por delante, que cubre el torso.

camisón: Camisa larga, que cubre total o parcialmente las piernas, y se emplea para permanecer en la cama.

c) cintura → cinturón; tela → telón; falda → faldón.

6.

En a), la combinación de lexemas produce una nueva dimensión semántica no deducible del significado de cada uno de sus componentes:

patas de gallo: Arruga de tres surcos divergentes que con los años se forma en el ángulo externo de cada ojo.

ojo de buey: Ventana o claraboya circular.

caballo de batalla: Aquello en que sobresale el que profesa un arte o ciencia y en que más suele ejercitarse.

pie de cabra: Palanqueta hendida por uno de sus extremos en forma de dos uñas u orejas / Percebe.

En b) se puede aplicar un criterio sintáctico para determinar el grado de cohesión semántica de los compuestos. Cuando el constituyente nuclear no puede ser sustituido por otro, el sintagma, en efecto, adquiere el estatuto de compuesto:

guerra fría → *lucha fría
     *pelea fría
     *guerrilla fría
espíritu de cuerpo → *sentido de cuerpo
       *ánimo de cuerpo
       *voluntad de cuerpo

La no existencia de las estructuras que aparecen señaladas con asterisco revela la cohesión léxica y semántica de los compuestos de que consta el apartado b).

El mismo criterio sintáctico puede aplicarse en c). La cohesión sintáctica interna del sintagma es otra prueba que puede aducirse:

boletín meteorológico →	*boletín altamente meteorológico
potro de madera →	*potro de mucha madera
hora punta →	*hora ligeramente punta
don de gentes →	*don de aquellas gentes

Por tanto, en c) no se pueden intercalar modificadores o determinantes entre los constituyentes nominales.

Finalmente, en d) es el aspecto léxico el que puede ayudarnos a determinar el carácter compuesto de los términos aducidos. En efecto, el significado que poseen los compuestos es expresado en otras lenguas, como por ejemplo el inglés, a través de términos que constituyen una unidad ortográfica: *lock-out, deadline, spanner*.

7.

a) N → V + Af$_n$.- b) Verbos.- c) Nominal.- d) Da lugar a abstractos y nombres de acción. Pero, si queremos explicar la variante *-ción/-sión* deberíamos recurrir al apartado histórico. Así, muchas de las formas que se dan en *-sión* proceden realmente de formas latinas que presentaban ya ese sufijo en latín, muchas de las cuales eran participios de los verbos latinos correspondientes: por ejemplo, en sincronía nos parecería natural que si de *bonificar*)$_V$ → *bonificación*)$_N$, entonces de *confesar*)$_V$ → *confesión*)$_N$; pero, en realidad *confesión* proviene de *confesio (-onis)* derivado del verbo latino *confiteor* 'confesar, manifestar', a través del participio *confesus (-a, -um)*, de donde puede explicarse mucho mejor la alteración formal *-ción* → *-sión*.

8.

a) 1. te-[t]-era; 2. café-[t]-era; 3. lech(e)-era; 4. corsé-[t]-era; 5. pijo-[t]-ero/a; 6. polvor(ear)-era (cf. polv(o)-era); 7. poda-[d]era; 8. leña-[t]-ero; 9. tart(a)-era; 10. alfile(r)-[t]-ero.

b) -era en 1, 2, 3, 9 y -ero en 10 'recipiente, lugar en el que se guarda N'; -ero en 8 (y también podría perfectamente interpretarse en 3) 'profesión, actividad'; en 7. 'máquina que desarrolla la acción de V'; en 6, 'efecto de V'.

9.

a) 1. Sigla; 2. Sigla; 3. Abreviatura; 4. Sigla; 5. Abreviatura que se ha convertido en sigla por el uso, casi lexicalizada; 6. Acrónimo; 7. En principio, sigla, si bien podría hablarse de Acronimia si consideramos la combinación final «ESpañol de créditO»; 8. Sigla; 9. Abreviatura por síncopa; 10. Acrónimo.

b) *CEPYME:* Confederación Española de la Pequeña Y Mediana Empresa.

GRAPO: Grupo Revolucionario Antifascista «Primero de Octubre».

s.s.s: su seguro servidor.

DGT: Dirección General de Tráfico.

B.O.E. o *BOE* [bóe]: Boletín Oficial del Estado.

*brunch: br*eakfast l*unch*.

Banesto: BANco ESpañol de créditO.

MOPT: Ministerio de Obras Públicas y Transportes.

*Dr.: d*octo*r*.

tergal: polié*ster gal*o.

10.

a) snob; manager; holding; building; down; dumping; outsiders; lockout; controller; stocks; cash-flow; records; marketing; stand; líder; ranking; spots; staff; brainstorming; coffee-break; stress; passing shot; show; factibily studies; out; hall; leasing; weekend; club de golf; chairman; joint venture; meeting; assistants; advisers; boom; dossiers; green; lunch; New York; trust; know how; hardware; software; cocktail; factoring; speech; whisky; drink; groggy; flash; supervedette; background; test; consulting; bye-bye; my darling; full-time; surmenages; spleen; Good evening!

b) *snob:* 'particular, extravagante, especial'. Tomada del inglés, a partir de la abreviatura de *sine **nobilitate**.*

manager: 'director, gerente, apoderado, representante' (Inglés).

holding: 'grupo empresarial, consorcio, corporación' (Inglés).

building: 'edificio, edificación, construcción' (Inglés).

down: 'centro urbano' (Inglés).

dumping: 'desplome económico' (Inglés).

outsider: 'competidor, aspirante' (Inglés).

lockout: 'huelga patronal, cierre patronal' (Inglés).

controller: 'interventor' (Inglés).

stock: 'existencia, execedente de producción' (Inglés).

cash-flow: 'flujo de caja, movimiento de tesorería, contabilidad' (Inglés).

record: 'marca, registro' (Inglés).

marketing: 'estudio de mercado' (Inglés).

stand: 'puesto (en un mercado o feria comercial), caseta' (Inglés).

líder (leader): 'dirigente, guía, jefe, primer clasificado' (Inglés).

ranking: 'clasificación' (Inglés).

staff: 'dirección, asesoría, gabinete' (Inglés).

brainstorming: 'búsqueda de ideas, pensar en grupo, reunión' (Inglés).

coffe-break: 'pausa para el café, hora del bocadillo, almuerzo' (Inglés).

stress: 'tensión, carga' (Inglés).

passing shot: 'golpe pasado, tiro largo' (tenis); en sentido figurado (p.e. en el texto, superar (al adversario)' (Inglés).

show: 'actuación, espectáculo, cuadro' (Inglés).

factibily studies: 'estudios de viabilidad (de un proyecto)' (Inglés).

out: 'fuera, fuera de contexto, sin noticias' (Inglés).

hall: 'vestíbulo' (Inglés).

leasing: 'arriendo (de una mercancia, de un activo)' (Inglés).

weekend: 'fin de semana' (Inglés).

club de golf: 'sociedad fundada para la práctica del golf; instalaciones en las que se practica específicamente dicho deporte' (Inglés).

chairman: 'presidente, gerente' (Inglés).

joint venture: 'estudio de riesgo en una inversión' (Inglés).

meeting: 'reunión' (Inglés).

assistant: 'ayudante, asistente, secretario' (Inglés).

adviser: 'asesor, consejero' (Inglés).

boom: 'éxito, auge, expansión, apogeo' (Inglés).

dossier: 'expediente, legajo, historial' (Francés).

green: 'en el golf, terreno liso de hierba fina y cuidada próximo al hoyo' (Inglés).

lunch: 'almuerzo, refrigerio' (Inglés).

New York: 'Neuva York' (Forma inglesa).

trust: 'monopolio' (Inglés).

know how: 'tecnología, conocimiento, saber, saber cómo' (Inglés).

hardware: 'en informática, equipo material' (Inglés).

software: 'en informática, equipo de instrucciones' (Inglés).

cocktail: 'refrigerio, reunión informal' (Inglés).

factoring: 'sociedad de cobro, de facturación' (Inglés).

speech: 'discurso' (Inglés).

drink: 'bebida, copa' (Inglés)

groggy: 'inconsciente, tocado, mareado' (Inglés).

flash: 'fogonazo, destello' (Inglés).

supervedette: 'superestrella, gran atracción (de una reunión, un espectáculo, etc.)' (Francés).

background: 'antecedentes, historial, datos básicos' (Inglés).

test: 'prueba, examen' (Inglés).

consulting: 'empresa dedicada a recibir consultas y aconsejar sobre diversos aspectos relacionados con el mundo empresarial, consultores' (Inglés).

bye-bye: forma inglesa de despedida 'adiós' (Inglés).

my darling: 'querido/a mío/a'. Forma vocativa de dirigirse a otra persona. (Inglés).

full-time: 'dedicación exclusiva' (Inglés).

surmenage: 'agotamiento, cansancio' (Francés).

spleen: 'melancolía, ánimo bajo' (Inglés).

Good evering!: '¡Buenas tardes!'. Fórmula inglesa de saludo (y despedida).

11. Bibliografía

ABAD, F. y GARCÍA BERRIO, A. (coords) (1983): *Introducción a la Lingüística*, Alhambra, Madrid.

ACADEMIA ESPAÑOLA (REAL) (1931): *Gramática de la Lengua Española*, Espasa-Calpe, Madrid.

ACADEMIA ESPAÑOLA (REAL) (1973): *Esbozo de una nueva gramática de la lengua española*, Espasa-Calpe, Madrid.

ACADEMIA ESPAÑOLA (REAL) (1984): *Diccionario de la Lengua Española*, 20ª edición, Espasa-Calpe, Madrid, 2 vols.

ACADEMIA ESPAÑOLA (REAL) (1989) *Diccionario Manual e Ilustrado de la Lengua Española*, 4ª edición revisada, Espasa-Calpe, Madrid.

ACADEMIA ESPAÑOLA (REAL) (1992): *Diccionario de la Lengua Española*, 21ª edición, Espasa-Calpe, Madrid.

ADAMS, V. (1973): *Introduction to Modern English Word Formation*, Longmans, London.

AKMAJIAN, A.; DIMERS R. A. y HARNISH R. M. (1984): *Lingüística: una introducción al lenguaje y la comunicación*, Adaptación y traducción de Violeta Demonte y Magdalena Mora, Alianza Editorial, Madrid.

AKMAJIAN, A.; DIMERS, R. A.; FRAMER, A. K. y HARNISH, R. M. (1990[3]): *Linguistics. An Introduction to Language and Comunication*, M.I.T. Press, Cambridge-Mas.

ALARCOS LLORACH, E. (1983): «Consideraciones sobre la formación léxica», en *Serta Philologica Fernando Lázaro Carreter, I. Estudios de Lingüística y lengua literaria*, Cátedra, Madrid, pp. 11-21.

ALBA DE DIEGO, V. (1983): «Elementos prefijales y sufijales: ¿derivación o composición?, en *Serta Philológica Fernando Lázaro Carreter, I. Estudios de Lingüística y lengua literaria*, Cátedra, Madrid, pp. 17-21.

ALCOBA RUEDA, S. (1987): «Los parasintéticos: constituyentes y estructura léxica», en VARELA, S. (ed.) (1993): *La formación de palabras*, Taurus, Madrid.

ALGEO, J. (1973): «Acronyms» en *American Speech*, 48, 3-4, pp. 269-274.

ALONSO, A. (1951): «Noción, emoción y fantasía en los diminutivos», en *Estudios lingüísticos. Temas españoles*, Gredos, Madrid.

ALONSO, A. y HENRÍQUEZ UREÑA, P. (1971): *Gramática castellana*, Losada, Buenos Aires, 2 vols.

ALONSO-CORTÉS, A. (1992): *Lingüística General,* 2ª edición corregida y aumentada, Cátedra, Madrid.

ALONSO-CORTÉS, A. (ed.) (1989): *Lecturas de Lingüística,* Cátedra, Madrid.

ALONSO-CORTÉS, A. y PINTO, A. (1993): *Ejercicios de Lingüística,* Servicio de Publicaciones de la Universidad Complutense, Madrid.

ALVAR, M. (1969): *Tendencias de la Lingüística actual,* Publicaciones de la Universidad Autónoma, Madrid.

ALVAR, M. y POTTIER, B. (1983): *Morfología histórica del español,* Gredos, Madrid.

ALVAR EZQUERRA, M. (1993): *La formación de palabras en español,* Arco/Libros, Madrid.

ALVAR EZQUERRA, M. y MIRÓ DOMÍNGUEZ, A. (1983): *Diccionario de siglas y abreviaturas,* Alhambra, Madrid.

ALZUGARAY AGUIRRE, J. J. (1979): *Voces extranjeras en el lenguaje tecnológico,* Alhambra, Madrid.

ALZUGARAY AGUIRRE, J. J. (1982): *Extranjerismos en el deporte,* Editorial Hispano Europea, Barcelona.

ALZUGARAY AGUIRRE, J. J. (1983): *Extranjerismos en los espectáculos,* Editorial Hispano Europea, Barcelona.

ALZUGARAY AGUIRRE, J. J. (1984): *Gastronomía y lenguaje,* Dossat, Madrid.

ALZUGARAY AGUIRRE, J. J. (1985): *Diccionario de extranjerismos,* Dossat, Madrid.

ARENS, H. (1976): *La lingüística. Sus textos y su evolución desde la antigüedad hasta nuestros días,* Gredos, Madrid.

ARONOFF, M. (1976): *Word Formation in Generative Grammar,* M.I.T. Press, Cambridge-Mas.

Arte del Romance Castellano, dispuesta segun sus principios generales i el uso de los mejores autores por el P. Benito de San Pedro de la Escuela Pia. Con las licencias necesarias. En Valencia: En la Imprenta de Benito Monfort, Impressor del Colegio Andresiano. Año 1769.

BAUER, L. (1984): *English Word Formation,* Cambridge University Press, Cambridge.

BEINHAUER, W. (1985[3]): *El español coloquial,* Gredos, Madrid.

BLOOMFIELD, L. (1933): *Language,* Henry Holt and Company, New York.

BOSQUE, I. (1983): «La Morfología», en ABAD, F. y GARCÍA BERRIO, A. (coords) *Introducción a la Lingüística,* Alhambra, Madrid, pp. 115-153.

BOSQUE, I. (1986): «Introducción» a FERNÁNDEZ RAMÍREZ, S. *La derivación nominal,* Anejo XL del *Boletín de la Real Academia Española,* Madrid.

BOSQUE, I. y MAYORAL, J. A. (1979): «Formación de palabras. Ensayo bibliográfico», en *Cuadernos Bibliográficos del C.S.I.C.,* 38, pp. 245-275.

BREAL, M. (1883): «Les lois intellectuelles du langage», en *Annuaire de l'Asociation pour l'encouragement des études grecques en France.*

BREAL, M. (1897): *Essai de Sémantique,* Gérard Monfort Editeur, Brionne, 1982.

BRÖNDAL, V. (1943): «Definition de la Morphologie», en *Esquisse de Linguistique Générale,* Copenhague.

BUNGUE, M. (1960): «Levels: A Semantical Preliminary», en *The Review of Metaphysycs,* 8.

BUNGUE, M. (1968): «La metafísica, epistemología y metodología de los niveles», en LAW WHYTE, L.; WILSON, G. y WILSON, D.: *Las estructuras jerárquicas,* Alianza Editorial, Madrid.

BUSTOS GISBERT, E. DE (1986): *La composición nominal en español,* Ediciones de la Universidad de Salamanca, Salamanca.

BUSTOS TOVAR, E. DE (1966): «Algunas observaciones sobre la palabra compuesta», en *Revista de Filología Española,* XLIX, pp. 255-274.

CAMUS BERGARECHE, B. (1993): «Analogía y Morfología contemporánea», en *Dicenda. Cuadernos de Filología Hispánica* (en prensa).

CARDONA, G. (1975): «Some Features of Paninian Derivations», en PARRED, H. (ed.): *History of Linguistics Thought and Contemporary Linguistics,* W. de Gruyter, Berlin.

CARDONA, G. R. (1988): *Dizionario di Linguistica,* Armando Armando, Roma. [Traducción española de Mª Teresa Cabello: *Diccionario de Lingüística,* Ariel, Barcelona, 1991].

CARSTAIRS-MCCARTHY, A. (1992): *Current Morphology,* Routledge, London.

CASADO VELARDE, M. (1979): «Creación léxica por acronimia en español actual», en *Español Actual,* 35-36, pp. 35-43.

CASARES, J. (1965[2]): *Novedades en el Diccionario académico. La Academia Española trabaja (1956-1970),* Aguilar, Madrid.

COROMINAS, J. y PASCUAL, J. A. (1980-1991): *Diccionario Crítico-Etimológico Castellano e Hispánico,* Gredos, Madrid, 6 vols.

COSERIU, E. (1986[2]): *Principios de Semántica Estructural,* Gredos, Madrid.

CHOMSKY, N. (1970): «Remarks on Nominalization» [Versión española «Observaciones sobre la Nominalización», en SÁNCHEZ DE ZAVALA, V. (comp.) (1974): *Semántica y Sintáctica en la Lingüística transformatoria,* Alianza Editorial, Madrid].

DARMESTETER, A. (1874): *Traité de la formation des mots composés,* E. Bouillon, Paris, 1984[2].

DUBOIS, J. *et al.* (1973): *Dictionnaire de Linguistique,* Librairie Larousse, Paris [Versión española de Inés Ortega y Antonio Domínguez bajo la dirección de Alicia Yllera, *Diccionario de Lingüística,* Alianza Editorial, Madrid, 1983[2]].

FERNÁNDEZ RAMÍREZ, S. (1951): *Gramática española, 1. Prolegómenos,* Volumen preparado por José Polo, Arco/Libros, Madrid, 1985.

FERNÁNDEZ RAMÍREZ, S. (1986): *La derivación nominal,* ordenado, anotado y dispuesto para la imprenta por Ignacio BOSQUE; Anejo XL del *Boletín de la Real Academia Española,* Madrid.

GAILLOT, M. (1955): *Essai sur la langue de la réclame contemporaine,* Paris.

Gramática / de la lengua / castellana / Compuesta / por la Real Academia / Española, Madrid, por D. Joaquín Ibarra, Impresor de Cámara de S.M., M.DCC.LXXI.

Gramática / de la lengua / castellana / Compuesta / por / la Real Academia / Española / Quarta edición / corregida y aumentada, por la Viuda de D. Joaquín Ibarra, Impresora de la Real Academia, M.DCC.XCVI.

Gramática de la lengua castellana, por la Real Academia Española, Nueva Edición, Madrid, en la Imprenta Nacional, 1854.

GUILBERT, L. (1965): *La formation du vocabulaire de l'aviation,* Larousse, Paris.

GUILBERT, L. (1967): *Le vocabulaire de l'astronautique,* Publications de l'Université de Rouen, Rouen.

GUILBERT, L. (1971): «De la formation des unités lexicales», Introduction au *Grand Larousse de la Langue Française,* Larousse, Paris, pp. ix-lxxx.

GUILBERT, L. (1975): *La créativite lexicale*, Larousse, Paris.

HALLE, M. (1973): «Prolegomena to a Theory of Word Formation», en *Linguistics Inquiry,* 4, pp. 3-16.

HALLE, M. y CLEMENTS, G. N. (1983): *A Workbook for Introductory Courses in Linguistics and in Modern Phonology,* M.I.T., Cambridge, Massachusetts and London. [Edición española a cargo de ALONSO-CORTÉS, A.: *Problemas de Fonología,* Minerva Ediciones, Madrid, 1991].

HARRIS, Z. (1951): *Structural Linguistics,* The University of Chicago Press.

HERNANZ, Mª LL. y BRUCART, J. Mª (1987): *La Sintaxis (Principios teóricos. La oración simple),* Editorial Crítica, Barcelona.

HOCKETT, CH. (1964): *Curso de Lingüística moderna,* Eudeba, Buenos Aires.

HUMBOLDT, W. von (1906): «Carta a Abel Remusat sobre las formas gramaticales» [traducción de Alberto Miranda Poza], en ALONSO-CORTÉS, A. (1989): *Lecturas de Lingüística,* Cátedra, Madrid, pp. 77-95.

JACKENDOFF, R. (1975): «Morphological and Semantic Regularities in the Lexicon», en *Language,* 51, pp. 474-498.

JUSTO GIL, M. (1990): *Fundamentos del análisis semántico,* Universidad de Santiago de Compostela, Santiago de Compostela.

LANG, M. F. (1990): *Spanish Word Formation. Productive Derivational Morphology in the Modern Lexis,* Routledge, London and New York. [Adaptación y traducción española de Alberto MIRANDA POZA: *Formación de palabras en español. Morfología derivativa productiva en el léxico moderno,* Cátedra, Madrid, 1992].

LAPESA, R. (1981⁹): *Historia de la lengua española,* Gredos, Madrid.

LAPESA, R. (1986): «Prólogo» a FERNÁNDEZ RAMÍREZ, S.: *La derivación nominal,* Anejo XL del *Boletín de la Real Academia Española,* Madrid.

LAW WHYTE, L.; WILSON, G. y WILSON, D.: *Las estructuras jerárquicas,* Alianza Editorial, Madrid.

LÁZARO CARRETER, F. (1953): *Diccionario de términos filológicos,* 3ª edición corregida, Gredos, Madrid.

LÁZARO MORA, F. A. (1976): «Incompatibilidad entre lexemas nominales y sufijos diminutivos», *Thesaurus. Boletín del Instituto Caro y Cuervo,* XXXI, pp. 3-19.

LÁZARO MORA, F. A. (1976): «Morfología de los sufijos diminutivos», en *Verba,* 4, pp. 119-125.

LÁZARO MORA, F. A. (1981): «Los derivados sustantivos en -ete/-eta», en *Boletín de la Real Academia Española,* LXI, pp. 481-496.

LÁZARO MORA, F. A. (1986): «Sobre la parasíntesis en español», en *Dicenda. Cuadernos de Filología Hispánica,* 5, pp. 221-235.

LEJEUNE, M. (ed.) (1949): *Actes du Sixième Congrès International de Linguistes,* Klincksieck, Paris.

LEROY, M. (1971²): *Les grandes courants de la Linguistique moderne,* Université de Bruxelles, Bruxelles.

LEWANDOWSKI, TH. (1986): *Diccionario de Lingüística,* Cátedra, Madrid.

LORENZO, E. (1955): *El español de hoy, lengua en ebullición,* Gredos, Madrid.

LYONS, J. (1968): *Introduction to Theoretical Linguistics,* Cambridge University Press, London-New York [Versión española de Ramón CERDÁ: *Introducción en la Lingüística teórica,* Teide, Barcelona, 1971].

MALKIEL, Y. (1945): *Development of the Latin Suffixes «-antia» and «-entia» in the Romance Languages, with Special Regard to Ibero-Romance,* Berkeley-Los Angeles.

MALKIEL, Y. (1958): «Los interfijos hispánicos. Problema de lingüística histórica y funcional», en *Miscelanea Homenaje a André Martinet, II,* Universidad de La Laguna, La Laguna, pp. 107-199.

MANTECA ALONSO-CORTÉS, A. (1987): «Sintaxis del compuesto», en *Lingüística Española Actual,* IX, pp. 333-345.

MARTIN, R. (1970): «A propos de la dérivation adjective: Quelques notes sur la definition du suffix», en *Travaux de Linguistique et de Littérature,* VIII.

MARTINET, A. (1960): *Elements de Linguistique générale,* Librairie Armand Collin, Paris. [Traducción española *Elementos de Lingüística general,* Gredos, Madrid, 1974].

MARTINET, A. (1979): *Grammaire fonctionnelle du Français,* Didier, Paris.

MARTÍNEZ CELDRÁN, E. (1973): «Una regla morfofonémica del español: el sufijo no-minalizador /-dura/», en *Boletín de Filología Española,* 46-49, pp. 15-25.

MARTÍNEZ DE SOUSA, J. (1984): *Diccionario Internacional de Siglas y Acrónimos,* Pirámide, Madrid.

MATTHEWS, P. H. (1974): *Morphology. An Introduction to the Theory of Word-Structure,* Cambridge University Press, Cambridge-New York-Melbourne [Versión española de Rafael MONROY CASAS: *Morfología. Introducción a la teoría de la estructura de la palabra,* Paraninfo, Madrid, 1980].

MEILLET, A. (1903): *Introduction à l'étude comparative des langues indo-européennes,* Librairie Hachette et Cie, Paris.

MENÉNDEZ PIDAL, R. (1904): *Manual de Gramática histórica española,* Espasa-Calpe, Madrid, 1982[17].

MEYER-LÜBKE, W. (1890-1906): *Grammaire des langues romanes, I (Phonétique),* traduction de E. RABIET: Laffite Reprints, Marselle, 1974.

MIRANDA, A. (1991): «Notas para un estudio de la sufijación nominal en andaluz y canario», en *Notas y Estudios filológicos,* 6, pp. 147-216.

MIRANDA, A. (1992): «Sobre la lengua oficial», en *Lazarillo,* Revista de la Asociación Internacional de Traductores, Intérpretes y Profesores de Espanol (A.I.T.I.P.E.), 2, pp. 42-43.

MIRANDA, J. A. (1992): *Usos coloquiales del español,* Publicaciones del Colegio de España, Salamanca.

MOLINO, J. (1985): «Où en est la Morphologie?», en *Langages,* 78: *Le retour de la Morphologie,* pp. 5-40.

MONTES, J. J. (1963): «Sobre la división de la Gramática en Morfología y Sintaxis», en *Thesaurus. Boletín del Instituto Caro y Cuervo,* XVIII, 3, pp. 679-685.

NEBRIJA, A. DE (1492): *Gramática de la lengua castellana,* Estudio y edición de Antonio Quilis, Editorial Centro de Estudios Ramón Areces, Madrid, 1989.

PARRED, H. (ed.) (1975): *History of Linguistic Thought and Contemporary Linguistics,* W. de Gruyter, Berlin.

PORTOLÉS, J. (1988): «Sobre los interfijos en español», en VARELA, S. (ed.) (1993): *La formación de palabras,* Taurus, Madrid, pp. 339-359.

POTTIER, B. (1970): *Gramática del español,* Alacalá, Madrid.

PRATT, C. (1980): *El anglicismo en el español peninsular contemporáneo,* Gredos, Madrid.

QUILIS, A. (1970): «Sobre la Morfonología. Morfonología de los prefijos en español», en *Revista de la Universidad de Madrid,* XIX, 74, pp. 223-248.

Rainer, F. (1991): «On the Nature of Word-Formation. Processes: Evidence from Spanish», Ms. Fundación Ortega y Gasset, Madrid.

Ries, J. (1894): *Was ist Syntax?,* Praga, 1927[2].

Robins, R. H. (1984[4]): *Breve historia de la Lingüística,* Paraninfo, Madrid.

Ruipérez, M. S. (1953): «The Neutralization Morphological Oppositions as Illustrated by the Neutral Aspect of the Present Indicative in Classical Grek», en *Word,* 9.

Salvá, V. (1830): *Gramática castellana,* estudio y edición de Margarita Lliteras, Arco/Libros, Madrid, 1988.

Salvador, G. (1983): *Semántica y Lexicología del español (Estudios y lecciones),* Paraninfo, Madrid.

Sánchez de Zavala, V. (comp.): (1974): *Semántica y Sintaxis en la Lingüística transformatoria,* Alianza Editorial, Madrid.

Saussure, F. de (1915): *Cours de Linguistique générale,* édition critique préparée par Tulio de Mauro, Payot, Paris, 1978 [Traducción española de Mauro Armiño: *Curso de Lingüística general,* Akal, Madrid, 1980].

Scalise, S. (1984): *Generative Morphology,* Foris Publication, Dordrecht [Traducción española de José Pazo y Soledad Varela: *Morfología generativa,* Alianza Editorial, Madrid, 1987].

Skousen, R. (1989): *Analogical Modeling of Language,* Kluwers, Dordrecht.

Staal, J. F. (1975): «Sanskrit Philosophy of Language», en Parred, H. (ed.): *History of Linguistic Thought and Contemporary Linguistics,* W. de Gruyter, Berlin.

Thompsen, W. (1945): *Historia de la Lingüística,* Labor, Madrid.

Tusón, J. (1987[2]): *Aproximación a la historia de la lingüística,* Teide, Barcelona.

Ullmann, S. (1962): *Semántica. Introducción a la ciencia del significado,* Taurus, Madrid, 1991.

Ullmann, S. (1986): *Introducción a la Semántica francesa,* traducción y anotación de Eugenio de Bustos Tovar, C.S.I.C., Madrid.

Unamuno, M. de (1945): «Sobre la lengua española», en *Ensayos,* I, Aguilar, Madrid.

Urrutia Cárdenas, H. (1978): *Lengua y discurso en la creación léxica. La lexicogenesia,* Editorial Planeta/Universidad de Deusto, Cupsa, Madrid.

Urrutia Cárdenas, H. y Álvarez Álvarez, M. (1978): *Esquemas de Morfosintaxis histórica del español,* Publicaciones de la Universidad de Deusto, Bilbao.

Varela, S. (ed.) (1993): *La formación de palabras,* Taurus, Madrid.

Varela Ortega, S. (1990): *Fundamentos de Morfología,* Síntesis, Madrid.

Vera Luján, A. (1991): «Reseña a Lang, M. F.: *Spanish Word Formation. Productive Derivational Morphology in the Modern Lexis*», en *Revista de Filología Española,* LXXI, pp. 373-381.

VIÑAZA, CONDE DE LA (1893): *Biblioteca histórica de la Filología Castellana,* Imprenta y Fundición de Manuel Tello, Madrid.

VOX. Diccionario General Ilustrado de la Lengua Española (DGILE). Nueva redacción dirigida por ALVAR EZQUERRA, M. (...) basada en la obra del mismo título revisada en sus sucesivas ediciones (1945, 1953, 1973) por Samuel Gili Gaya, Bibliograf, Barcelona, 1987.

ZAMORA SALAMANCA, F. J. (1984): «La tradición histórica de la analogía lingüística», en *Revista Española de Lingüística,* 14, pp. 367-419.

ZGUSTA, L. (1971): *Manual of Lexicography,* Mouton, The Hague-Paris.

12. Índice de palabras y afijos

arenilla 122
-ario 54(n), 110, 141, 145
-arius (lat.) 133(n), 141(n)
arma blanca 155
arquetipo 57
arquitecto 57
-arr- 107, 111
arrancar 148
arranque 148
arrecho (esp. ant.) 126
arrechucho 126
arrianismo 120
-arro 128
articulillo 122
articulito 122
artista 115
artistazo 115
-asc- [-ask-] 111
-asca 107
asegurar 72(n)
asilvestrado 68
asimétrico 80, 81
asindicalismo 81, 97
aspereza 120
ASTANO 166
astigmatismo 57(n)
-astro(a) 129
asustadizo 143
asustado 143
-at- 107
-ata 107
-ata (lat.) 132(n)
atafagar 111
atardecer (V) 149
atardecer (N) 149
-ate 107
atípico 80, 81
atleta 134

atletismo 57(n), 134
atolladar 105
auto 55
auto- 56(n)
autobús 9, 166, 172
autodeterminación 68, 70
automático 63
automóvil 9, 166
autor 9, 161
avance 60
avanzar 60
avechucho 126
avinagrar 72(n)
avión 114, 175
avioneta 114
avisacoches 157
-az- 107, 111
-az 107
azada 13
azadilla 13
azafata 161
-azo(a) 107, 114, 115(n)
azul 128, 142
azulenco 142
azulorro 128

-ba 18, 19
bailar 125, 148
bailarín 125
baile 148
baldosa 125
baldosín 125
baloncesto 175
bambalina 106
baratito 119
barato 18, 119
barba 117
barbollar 111

compasión 120(n)
compensar 73
competencia 120
complacencia 70
complacer 70
componer 73
compraventa 153
comprender 138
comprensión 138
con 58(n)
conciencia 117
concienzudo 117
confort 176
confusión 134
confusionismo 134
conocer 139
conocimiento 139
conseguir 72
construir 73
container (ingl.) 176
contenedor 176
contienda 148
contender 148
contestador 63
contestador automático 63
contestar 116
contestón 116
continuismo 136
continuo 136
contra 61
contra- 81, 97
contrabloqueo 82, 97
contracultura 82
contradecir 61, 82, 97
contraespionaje 82, 97
contra-hacer 58(n)
contranatural 82
contraponer 59, 82

contraproducente 69, 70, 82, 97
contribuir 58(n)
conyugal 69
COPE 170
corpachón 105
correcalles 157
corredor 55
correntón 108
correr 55, 147
corretar 111
corretear 147
coscorrón 105(n), 110
crecer 144
creciente 144
crédito 9
credivuelo 9
crialler (fr.) 73(n)
crier (fr.) 73(n)
criticastro 129
crítico 129
cruel 135
crueldad 135
cuarto 126
cuartucho 126
cubismo 57(n)
cucurucho 126
cuerpecito 108
cuna 124
cuneta 124

-dad 135, 140
dadaísmo 57(n)
dandy (ingl.) 176
de- 82, 97
deadline (ingl.) 63, 154
débil 126
debilucho 126
decretazo 115(n)

219

entrefino 86
entremeter 86, 98
entremezclar 86
entrepierna 86, 98
entreplanta 86
entresacar 86(n)
entrever 72
entrevista 176
entristecer 70
-eo (deriv. regresiva) 149
equipo 175(n)
-er- 108
-er 25(n), 149 (n)
eram (lat.) 37(n)
-ería 133, 140
-ero 12, 19, 61, 106, 107, 108, 109, 110, 133, 138(n), 140, 141
-err- 108
escabuchar 111
-esco(a) 141, 145
escuela 63
escupidera 138
escupir 138
escupitajo 109
escupitina 110
esmoquin 176
esnobismo 176
espacio 95
espantajo 127
espantapájaros 157
espantar 127
español 119, 161
españolaza 102(n), 103(n)
espectáculo 63
especulación 120
espeluznar 111
esperar 70
espina 122

espinilla 122
espumarajo 107
estacionamiento 176
estampido 139(n)
estocada 132
estoque 132
estudiante 141
estudiantil 141
-et- 108, 111
ETA 172
etarra 172
-ete(a) 103(n), 106, 107, 108, 109, 110, 112, 118, 123, 124
-eto 110
-eur (fr.) 13(n)
Eurasia 162
europeísta 142
europeo 142
Eurovisión 162
evadir 144(n)
evasivo 144(n)
evasus (lat.) 144(n)
ex- 83, 98
ex-alumno 83, 98
ex-amante 83(n)
excluir 83
excombatiente 83
ex-comunista 83
exculpar 83, 98
exheredar 83, 98
ex-marido 83(n)
ex-ministro 83
ex-monárquico 83, 98
ex-novio 83(n)
expedición 138
expedir 138
explosión 146
explosionar 146

extra- 83, 91, 93, 98
extraconyugal 69
extradivertido 91
extraelevado 91
extrafino 91, 98
extrahumano 84
extralitúrgico 84, 98
extraoficial 84, 98
extraparlamentario 84
extrarresistente 91
-ez- 108
-ez(a) 120, 136, 140

fabricante 137
fabricar 137
fábula 54(n)
fabulista 54(n)
fácil 115
facilón 115
facultativo 145(n)
fanatismo 120
farfullada 110
fastidio 141
fastidioso 141
fecha límite 63, 154
felipismo 134
felipista 134
feo 117, 126
feote 117
ferrocarril 66
feucho 126
FFAA 172
fidi (lat.) 104
fino 72(n)
finura 120(n)
fleco 122(n)
flequillo 122(n)
flor 65

florecer 144
floreciente 144
florezucha 108
fofo 92(n)
fogarata 107
fonógrafo 175
football (ingl.) 175
fortuna 115
fortunón 115
forzudo 117
foto 9, 165
fotografía 9, 165
fragilidad 43(n)
fragmentario 141
fragmento 141
frailecito 118(n)
frailito 118(n)
frailón 118(n)
frailote 118(n)
frailucho 118(n)
francés 119
frango (lat.) 104
fregar 116
fregi (lat.) 104
fregona 116
frescales 129, 130(n)
fresco 71, 129
fuerza 117
fumar (V) 149
fumar (N) 149
funcionariado 130, 131
fútbol 175, 176
futurible 144(n)
futuro 144(n)

gafas 117
gafotas 117
galea (esp. ant.) 116

221

lambistón 109
lamedal 107
lamedura 107
lamiscar 111
langaruto 107
languidecer 147
lánguido 147
larguirucho 109
latín 127
latinajo 127
lavado 137
lavadora 138
lavar 137, 138
leader (ingl.) 175
leal 136
lealtad 136
leche 105, 133
lechería 47(n), 105, 133
lechero 19, 105
legalista 120
leísmo 57(n)
lejano 145
lejos 145
lenguaraz 107
lenteja 124
lentejuela 124
-lento 142(n)
-lentus (lat.) 142(n)
librero 19
libreta 14
libro 18, 114
líder 175
-liento 142(n)
ligeramente 148
ligero 148
limatón 107
limitar 72(n)
límite 72(n)

limite (fr.) 72(n)
limiter (fr.) 72(n)
limón 133
limoncillo 108
limonero 133
lindeza 136
lindo 136
linquo (lat.) 37(n)
liosamente 45
llamarón 107
llamas (N) 47(n)
llave inglesa 63, 154
llorar 73(n), 122, 147
llorica 122
lloriquear 73(n), 147
llover 73(n)
lloviznar 73(n)
lockout (ingl.) 63, 154
locutor 176
lodachar 105
lodazal 107
luego 113
lueguito 113
luna 72(n)
lunch (ingl.) 176
luteranismo 120

machacar 111
machacón 125
machinete 109
macho 116
machote 116
madera 75
maderable 75
madrastra 129
madre 129
madreselva 44(n), 156
maison (fr.) 73(n)

225

mocico 121
mocito 121
modernismo 57(n)
mojicón 109
molinillo 122(n)
molino 122(n)
mon- 95, 98
moneda 133
monja 119
monjita 119
mono- 56(n), 95, 96(n), 98
monoatómico 95, 98
monocelular 96(n)
monocromático 95
monocular 95, 98
monóculo 95
monocultivo 95
monopatín 95, 98
monosilábico 98
moral 128
moraleja 128
morfosintaxis 162
moscarrón 107
motel 166, 172
moto 55
mozo 121
mujer 115
mujerona 115
mullicar 111
multi- 95, 96(n), 98
multicelular 95
multimillonario 95, 98
multinacional 95
multiprocesador 95
multiprogramador 95
multirracial 95, 98
música 140
musical 140

nación 45
nacional 45
nacionalizable 41, 45
NASA 169
NATO 169
navichuelo 109
negro 19
nietezuelo 108
nisperero 133
níspero 133
nom (fr.) 72(n)
nombrar 72(n)
nombre 72(n)
nommer (fr.) 72(n)
noticia 114
notición 114
novatada 135
novato 135
novedad 142
novedoso 142
nubarrado 107
nube 104
nubecita 104
nudare (lat.) 73
nutrición 138
nutrir 138

ñoño 92(n)

-o (deriv. regresiva) 149
-o (morf. verbal) 25(n)
obstaculizar 146
obstáculo 146
ocasión 140
ocasional 140
octanaje 132
octano 132
odio 141

ÍNDICE GENERAL

COLECCIÓN PROBLEMAS FUNDAMENTALES DEL ESPAÑOL

1. *Ricardo Navas Ruiz*
   EL SUBJUNTIVO CASTELLANO (208 páginas).

2. *Ricardo Navas Ruiz y Victoria Jaén Andrés*
   SER Y ESTAR. LA VOZ PASIVA (96 páginas).

3. *Teófilo Sanz y Alicia H. Puleo*
   LOS PRONOMBRES PERSONALES (92 páginas).

4. *Sigifredo Repiso*
   LOS POSESIVOS (109 páginas).

5. *María Rosa Asenjo Orive*
   LOS DEMOSTRATIVOS (116 páginas).

6. *José Alberto Miranda*, Profesor de la Universidad de Castilla-La Mancha
   USOS COLOQUIALES DEL ESPAÑOL (168 páginas).

7. *José Alberto Miranda*, Profesor de la Universidad de Castilla-La Mancha
   LA FORMACIÓN DE PALABRAS EN ESPAÑOL (242 páginas).

De próxima aparición:

María Angeles Sastre, Universidad de Valladolid
El INDICATIVO.

OTRAS COLECCIONES

Últimos libros publicados:

Humberto López Morales, Universidad de Puerto Rico
MÉTODOS DE INVESTIGACIÓN LINGÜÍSTICA.

Arcadio López-Casanova, Universidad de Valencia.
ANÁLISIS DEL POEMA.

R. Navas Ruiz, José M.ª Alegre y Pedro Luis López
ESPAÑOL AVANZADO
(3.ª edición, muy renovada).

Antonio M. Momplet, Universidad Complutense de Madrid
LA ARQUITECTURA ROMÁNICA EN CASTILLA Y LEÓN.

Dolores Campos S. Bordona, Universidad de León
LA CATEDRAL DE LEÓN
(Colección Monumentos Españoles).

LAZARILLO DE TORMES
Edición de *Florencio Sevilla Arroyo*, Universidad Autónoma de Madrid
(Biblioteca Hispánica).